KB010267

사색의 향기

문화나눔
세상을 꿈꾸다

Magic House
마 법 의 책 공 장

사색의 향기
문화나눔
세상을 꿈꾸다

초판 1쇄 인쇄 2020년 11월 25일
초판 1쇄 발행 2020년 12월 4일

지 은 이 이영준
삽   화 박재동
표지캘리 모은영
디 자 인 김민성
펴 낸 이 백승대
펴 낸 곳 매직하우스

출판등록 2007년 9월 27일 제313-2007-000193
주   소 서울시 마포구 모래내로7길 38 605호(성산동, 서원빌딩)
전   화 02) 323-8921
팩   스 02) 323-8920
이 메 일 magicsina@naver.com
I S B N 979-11-90822-10-7

• 책값은 표지 뒤쪽에 있습니다.
• 파본은 본사와 구입하신 서점에서 교환해드립니다.

ⓒ 이영준 | 매직하우스
  이 책은 저작권법에 따라 보호받는 저작물이므로 무단복제를 금지하며
  이 책 내용의 전부 또는 일부를 이용하려면 반드시 저작권자와
  매직하우스의 서면동의를 받아야 합니다.

사색의 향기

문화나눔
세상을 꿈꾸다

Magic House
마법의책공장

밑바닥에서부터 피워 올린 사색의향기

1980년대 초반부터 2000년대 중반까지 필자는 자본주의 전사로서의 삶을 살았다.

대기업에 입사하여 상사로부터 인정을 받으며 주요 보직을 수행하였고, 비즈니스를 하면서 알게 된 분들과의 인연으로 다양한 경험을 하였다.

직장인으로서 꿈인 대표이사직을 맡으며 승승장구했다. 그 결과 약간의 부와 명예를 얻긴 했지만 긴장과 스트레스가 계속되는 삶은 그리 행복하지만은 않았다.

그러면서도 행복하지 않은 자신을 미처 발견하지 못했고 이것이 사회적 성공의 어두운 그림자였음을 당시에는 알 수 없었다.

올라가는 것은 어려웠지만 떨어지는 것은 한순간이었다.

나는 상황 논리에 따라 어쩔 수 없이 일을 내려놓게 되었다. 일을 정리한 후 그동안 고마웠던 분들에게 메일을 보냈다.

놀랍게도 예상보다 많은 분들이 답장을 통해 격려해 주셨다. 그때야 비로소 가장 큰 자산은 '사람'과 '그들과의 관계'라는 것을 깨닫게 되었다. 사람과 사람과의 관계가 얼마나 소중한지를 깨닫게 되기까지 20여 년이 걸렸다.

그걸 깨닫는 순간 행복감이 밀려왔다. 이때부터 행복이란 도대체 무엇일까를 고민하기 시작했다. 행복의 본질을 밝히기 위해 '행복'을 주제로 독서를 시작했다.

이 시간을 통해서 인문학의 중요성을 깨치기 시작했고 소통과 관계가 행복에서 가장 중요한 요소라는 것을 알게 되었다.

용기를 내어 행복한 문화나눔 커뮤니티를 만들어 사람들과 행복을 나누기로 마음먹었다. 이름을 '사색의향기'라고 짓고 독서모임을 시작했다.

시작 초기에는 지인들의 대부분이 반대했다.

디지털북(e-book)과 오디오북이 등장하는 등 독서의 패러다임이 크게 바뀌고 있는데 시대착오적인 종이책 중심의 독서 활성화 사업이 웬 말이냐는 우려 섞인 목소리가 많았다. 하지만 '사색', '향기', '문화나눔', '행복'이라는 키워드에 몰입하여 소신껏 밀고 나갔다. 그러다 보니 어느새 17년이라는 시간이 흘렀다.

네 가지 키워드를 사람들과 나누었는데 많은 분이 공감해주었다. 그 과정에서 '문화나눔 운동으로 행복추구에 공감하는 사회적 관계를 증진해야 하겠다'는 사명감은 더 높아지게 되었는데, 이는 당연한 결과였다.

사색의향기가 여기까지 오도록 나를 이끌어준 분들의 고마움을 잊을 수가 없다. 여러 순간에서 많은 분이 정신적으로 물질적으로 도움을 주셨다. 특히 어려울 때마다 부족한 나를 전적으로 믿고 끝까지 지지해 주시면서 난관을 극복할 수 있는 용기를 주시고 힘이 되는 가르침을 주셨던 내 마음 속의 영원한 스승, 이상업 회장님께서 보이지 않는 든든한 버팀목이 되어주셨다.

지금도 이상업 회장님은 사색의향기 후원기관으로 도움을 아끼지 않고 계신다. 지면을 빌어 머리 숙여 감사드린다.

사색의향기는 지속적으로 성장, 발전하여 이제는 한국을 대표하는 문화나눔 커뮤니티로 굳건하게 자리 잡았다.

나는 행복한 문화나눔을 통해 우리가 만들어가는 가치들은 우리 사회 전체의 공유자산으로 사회를 더 건강하게 만드는 밑거름이라는 확신을 갖게 되었다. 그리고 사색의향기는 별거 아닌 것도 계속하면 가치가 된다는 것을 입증해 나가면서 뜻에 공감하는 이들과 함께 한국의 문화 운동사를 계속해서 써나가고 있다.

필자는 나 자신에게나 사회구성원 모두에게 이 길이 진정한 행복이라는 것을 굳게 믿는다.

끝으로 현재까지 함께하고 있는 동료들 박영순 부이사장, 황진하 이사, 장성현 이사, 최영봉 이사, 이헌욱 본부장, 이유경 국장, 한석규 국장께 진심으로 감사드리고, 필자가 애써 모신 박희영 이사장님과 800여 명의 대의원님들께도 진심으로 감사드린다.

향기메일 작가회를 비롯한 수십 개의 산하기관과 238개의 지부, 그리고 협력기관과 후원 기관의 모든 관계자님들께 머리 숙여 감사드린다.

사색의향기가 지금까지 거둔 모든 성과는 모두 이분들과 함께하면서 만들어냈으며, 이분들의 관심과 성원을 바탕으로 사색의향기 미래가 오랫동안 지속될 수 있기를 기원한다.

사색의향기 역사가 들려주는 문화나눔 운동의 체험의 기록이자 회원들과 소통하면서 그때그때 정리해 두었던 소고들을 모아 정리하여 책으로 펴낸다.

2020년 11월
이영준

목차

〈서문〉

밑바닥에서부터 피워 올린 사색의향기 ··· 5

Chapter 1

외부와 소통하면서 성장하는 커뮤니티(정체성)

사색의향기 이해   ··· 19

존재 이유   ··· 21

목적사업   ··· 23

가치   ··· 30

태동   ··· 33

대의원   ··· 35

정체성 탐구   ··· 38

회원수 173만의 의미   ··· 40

회원의 충성도   ··· 42

킬러 콘텐츠의 진실   ··· 45

커뮤니티의 역할   ··· 48

문화나눔의 의미　　…50

문화나눔의 가치　　…54

문화나눔과 소통　　…57

소통의 방법　…59

문화나눔 프로세스　　…61

문화나눔 윤리강령　　…65

문화나눔 행동강령　　…67

문화나눔 실천　　…70

문화나눔의 지향점　　…72

컬피(Culppy) 의미　　…74

Chapter2

문화나눔의 메타피직스(Metaphysics)

Metaphysics　…79

이슬비(drizzle) 이론　…81

매력(魅力) 이론　　…83

비빔밥 이론　…85

포도송이 이론　　…87

옹달샘 이론　…89

사색(四色) 이론　　… 91

느슨한 결합 관계 이론
(Loosely Coupled Relationship)　　… 93

Chapter 3

나눌수록 커지는 행복의 법칙

보편성과 균등의 원칙 … 99

지속 가능한 운영 및 전략　　… 102

사단법인 설립　　… 105

지정기부금 단체 지정 … 107

조직운동과 교육운동 … 109

지부를 통한 고품격 문화나눔 실천　　… 111

지부설립 및 운영　　… 113

광역지부협의회 구성과 역할 … 117

대의원총회와 지부장대회 참석 의미 … 119

운영 재원　　… 121

비영리 단체의 회비　　… 123

행복한 댓글 달기　　… 125

회원증 패용의 의미　　… 127

여행 원칙　　… 130

인생향기 콘서트　　… 133

향기인상(賞)　　… 136

향기 기자의 사명과 역할　　… 138

Chapter 4

문화나눔 사업 스펙트럼

향기메일 선물 사업　　… 143

온라인 커뮤니티 운영 사업　　… 145

출판 및 독서문화 활성화 사업　　… 147

문화인 탐방 사업　　… 150

문화나눔을 통한 사회공헌 사업　　… 154

공연문화 진흥 사업　　… 157

인문학 교육 사업　　… 159

우리말 사랑 운동 사업　　… 162

여행동호회 활성화 사업　　… 165

21c 장원급제 인증 프로그램　　… 168

지부 우선 사업　　… 172

지역본부 설립 사업　　… 175

문화대간 잔치한마당　　… 181

Chapter 5
행복의 99%는 관계

무엇이 행복을 결정하는가? ⋯ 187
5가지 행복한 관계 ⋯ 193
의지 관계 ⋯ 194
자신 관계 ⋯ 195
환경 관계 ⋯ 197
동호 관계 ⋯ 199
멘토 관계 ⋯ 201

Chapter 6
사색의향기 존재의 바탕에 흐르는 인문학 정신

인문학의 보이지 않는 힘 ⋯ 207
풍류 인문학 향연 ⋯ 212
여행의 인문학 ⋯ 215
명품 인생 ⋯ 219
컬피슈머(Culppysumer) ⋯ 222

Chapter 7
사람과 생명의 어울림, 마을공화국 향기촌

농촌 르네상스 운동 ⋯ 229
향기촌 사업 추진 경과와 이후 계획 ⋯ 231
향기촌 엿보기 ⋯ 234
시니어의 2nd Life Solution 찾기 ⋯ 237
집단 귀촌 성공 모델 만들기 ⋯ 240
생본(生本), 인본(人本)
그리고 접화군생(接化群生) ⋯ 243
지속 가능한 녹색 일자리 창출 ⋯ 251
향기촌 사업 원칙 ⋯ 255
21세기 마을 공동체 전망 ⋯ 265
공동체 경험 축적 ⋯ 271
향기 나는 귀촌 문화 ⋯ 273
'생태적 삶'을 추구하는 귀촌 문화 ⋯ 277

Chapter 8
'사색의향기', Never Endless Culture Legend

사색의향기 비전과 목표 ⋯ 285

〈에필로그〉 ⋯ 294

Chapter 1

외부와 소통하면서 성장하는
커뮤니티(정체성)

THE INSTITUTE OF LITERATURE & CULTURE

사색의향기

사색의향기 이해

　　사색의향기는 선진적이고 건전한 문화나눔 활동으로 사회공헌 및 국가발전에 이바지하기 위해 2004년에 설립된 비영리 단체로 우리 사회를 행복하게 하는 공유가치를 만들고자 하는 취지에서 시작되었다.

　　창립 이래 오늘에 이르기까지 사색의향기는 행복한 문화나눔을 위한 순수한 글들을 모아 참여자 스스로에게 감동을 주고 또 그 감동을 모아 또 다른 사람들에게 더 큰 감동을 주는 모습으로 성징 발진해 왔다.

　　'사색의향기'란 명칭은 '사색을 통하여 문화의 향기를 피워 올리자'는 뜻을 담고 있다. 즉, 사색을 통해서 사고와 분별과 견해를 갖게 되고 이를 바탕으로 상상력이 발휘되어 그 상상력으로 새로운 문화를 창출한다는 의미이다.

　　사색의향기는 온라인은 물론 전국 지부설립 및 운영을 통한 오프라인에서도 행복한 문화나눔 활동을 지속적으로 펼치고 있다. 향기메일 보내기, 문화예술 전반에 걸친 공연이벤트, 좋은 책 이벤트, 작가회, 서평단, 포토 에세이스트, 객원기자 활동 등을 통해 회원들과 만나는 한편 행복한 동호회 활동 지도 및 운영을 통하여 발전된 문화의 지평을 넓혀가고 있다.

사색의향기가 펼치는 문화나눔 운동은 사회적 관계 증진 운동이자 인문정신문화를 바탕으로 한 독서 운동이기도 하다.

이렇게 창출된 문화는 공유되고 나누어지면서 궁극적으로 행복한 문화나눔터를 만들게 될 것이다.

사색의 향기 문화나눔 세상을 꿈꾸다

존재 이유

　　사색의향기는 창립 이래 17년 동안 지속적으로 다양한 문화 나눔 및 사회참여 활동을 의욕적으로 전개해 왔으며, 이를 통해 사회적 문제를 해결하고 나아가서 공유가치를 창출하는 데 도움이 될 다양한 경험들을 축적해 왔다.

　　특히 태안 기름유출 사고 시에는 기름띠 제거 운동에 적극적으로 참여하면서 당시 같이 했던 수많은 단체들과 연대하여 5년 동안 태안 재방문 운동을 주도하기도 하였다. 그 결과 2012년에는 사고 전 관광객 수 2,000만 명(연간 누적 관광객 수)을 회복하는데 기여했다.

　　사색의향기는 행복 바이러스를 전파하는 사회운동인 행복한 문화나눔 운동을 펼쳐 나가면서 건강하고 살맛나는 사회를 구축하고, 궁극적으로는 사회구성원들이 올바른 자아와 정체성을 만들어 갈 수 있도록 최선을 다할 것이다. 사색의향기의 존재 이유가 바로 여기에 있다.

태안군-태안사랑 자매결연(2009)

　　나아가 문화나눔 활동을 보다 발전적이고 개방적인 구
조로 변화시켜 사회에 기여할 수 있는 건전한 '행복한 문화나
눔 공동체'로 자리매김하는 것 또한 사색의향기의 존재 이유이
다.

　사색의 향기 문화나눔 세상을 꿈꾸다

목적사업

　　사색의향기 목적사업은 비영리 문화나눔 사업을 위한 구체적이며 사회공헌적인 것으로 2004년 설립 시 제정하고 허가받은 그대로 현재에도 유지되고 있다.

　　사색의향기의 정관에는 목적과 사업을 구분하여 정의하고 있는데 다음과 같다.

　　정관 제3조(목적) 사항을 보면 "본원은 행복한 문화의 나눔터로서 선진적이고 건전한 문화 봉사활동으로 사회 및 국가 발전에 이바지함에 그 목적이 있다."라고 명확하게 정의되어 있다. 이에 따른 목적사업은 다음과 같다.

　　정관 제4조(사업) 본원은 제3조의 목적을 달성하기 위하여 다음의 사업을 한다.

　　1. 매일 좋은 글을 회원에게 보내는 이메일 발송사업
　　2. 행복한 문화 커뮤니티 운영 사업

3. 행복한 여가문화 활성화 사업

4. 출판 및 독서문화 활성화 사업

5. 역사탐방 및 문화기행 사업

6. 문화를 통한 사회공헌 사업

7. 독서권장, 무료 도서 대여 및 지원 사업

8. 도서관 설립 및 운영 사업

9. 한글 사랑 운동 사업

10. 문화예술 전반의 문화인 탐방 및 고양 사업

11. 시니어의 역량과 경륜을 소비할 일자리 창출 사업

12. 행복하고 테마가 있는 귀촌 마을 설립 및 운영 사업

13. 인문학 및 여가문화 활성화를 위한 교육 사업

14. 행복한 문화를 알리는 인터넷 신문 운영 사업

15. 행복한 여가문화 연구 사업

16. 사색의향기 명예의 전당 및 행복한 문화성지 건립 사업

17. 건강 증진을 위한 힐링 프로그램 운영 사업

18. 기타 위 각 호에 부대되는 사업 일체

상기와 같이 사색의향기의 목적과 사업은 그 자체가 비영리사업임이 정관에 명시되어 있으며, 사색의향기는 목적 사업 추진을 통하여 사회에 기여하는 것이다.

사색의향기 목적과 사업의 가장 본질적인 부분이자 특성은 '디지털 도구를 사용하지만, 아날로그 감성으로 행복한

문화를 나누는 것'이다. 사색의향기는 실명 사용과 감성적인 운영체계로 다른 영리기관은 도저히 할 수 없는 차별화된 사업을 진행하고 있다.

목적사업은 당초의 계획이 궤도 수정 없이 지속적으로 추진되면서 오늘의 사색의향기를 만든 굳건한 바탕이 되었다.

Ver_1.0 성과 Review 및 Ver_2.0 선언

지난 2016년 11월에 열린 제16차 대의원총회에서 2004년 창립 이래 사색의향기를 이끌어 왔던 Ver_1.0의 성과를 바탕으로 제2의 창립, 즉 사색의향기 2nd 시대를 여는 Ver_2.0을 선언한 바 있다.

제16차 대의원 총회 및 전국지부장대회-창녕 (2016)

[Ver_1.0 성과 Review]

2004년 5월 4일 출범한 사색의향기는 행복한 문화나눔 운동을 펼쳐오면서 느리지만 견실하게 성장해왔다. 또한, 우리나라를 비롯하여 세계에서 한글을 사용하는 모든 사람의 순수함과 행복함, 서로의 어우러짐을 통한 향기로운 삶을 살고자 하는 마음들을 모아서 지금의 행복한 문화의 중심지 사색의향기를 만들어 왔다.

Ver_1.0 시대에 사색의향기가 만들어 낸 문화나눔의 가치를 요약하면 다음과 같다.

1. 유행을 타지 않고 순수하며 차별화된 아날로그식 가치를 지속적이고 일관되게 추구하여 그 바탕 하에서 공유가치를 만들어 왔다.
2. 만들어진 공유가치를 비경제적이며 비경쟁적인 모델로 자리매김하였다.
3. 행복한 문화나눔의 중심지를 만들고 이를 실천하여 왔다.

[Ver_2.0 선언]

Ver_2.0은 사색의향기의 새로운 10년을 이끌어 갈 사색의향기 차세대 엔진으로 대한민국을 대표하는 행복한 문화나눔 단체로 우뚝 서면서 건강하고 행복한 사회를 만드는 데 이바지하고 나아가 국가의 문화 품격을 높이는 기준이 될 것이다.

Ver_2.0의 주요 발천 전략을 살펴보면 다음과 같다.

1. 사색의향기에 대한 도전적인 홍보

새로운 문화 리더십으로 착한 역량을 집중하여 사회적 영향력을 증대하기 위한 노력을 강력하게 추진할 것이다.

2. 커뮤니티 가치 제고

커뮤니티가 수익을 내서 이해관계자들에 배분하는 것이 경제적 가치라면 차별화된 영역에서의 휴먼 네트워크 구축은 매우 중요한 비경제적 가치이다. 이러한 비경제적 가치의 목표는 500만 회원 달성이다.

3. 목적사업 효용성 증대

자살률과 이혼율을 낮추고 행복지수를 높일 수 있는 행복문화 나눔 공동체를 실현한다. 국내외 지부 400개 이상을 설립하고 운영하여 착한 영향력을 지속적으로 제고할 것이다.

4. 문화 공감대 확산 교육 프로그램 개발 및 운영 활성화

컬피 지도자 과정, 문화 CEO 과정, 문화예술 과정, 문화예술지도사 민간자격 및 교육 프로그램 등을 운영할 것이다. 이를 통하여 행복한 문화진흥을 위한 담론과 사상이 함께 하면서 지적 자산을 창출해 내는 건강하고 생산적인 사회를 만들어 낼 수 있도록 기여할 것이다.

5. 미래전략기획단 구성 및 운영

지속 가능한 미래를 담보하기 위하여 능력 있는 문화나눔 지도자를 전략적으로 육성하기 위한 노력을 강화할 것이다.

6. 건강한 재정 기반 확보(재정 자립 실현) 노력 계속

컬피 펀드, 오프라인 회원 증대, 후원 기관과의 상호 협력 관계 증진, 회원의 자발적 참여를 증진시키는 동시에 수익법인을 활성화할 것이다. 이와 같은 재정 기반의 확보는 사회공헌 운동의 지속성을 확보하는 든든한 교두보가 될 것이다.

7. 오프라인 조직 강화

고문단, 자문위원회, 운영위원회, 각 산하단체, 협력단체, 후원단체, 후원회, 기초단체별로 지부, 동호회, 직능 및 특별 모임 등의 오프라인 조직을 강화할 것이다. 이는 궁극적으로 국제 조직으로 확대 발전할 수 있는 기반을 만들어 가기 위한 것이다.

 8. 글로벌 사업 본격 추진

    '국제컬피재단'을 설립하여 국제적인 행복 문화나눔 운동을 전개할 것이다. 이에 따른 영문 및 중국어 향기메일 발송 서비스를 병행할 것이다.

    이상과 같은 비전을 실현하기 위하여 사업계획을 구체화하여 일관성 있게 추진할 것이다. 물론 그 결과물은 사색의 향기 구성원들의 관심과 성원, 그리고 참여를 통한 공감대 형성 및 함께하는 과정을 통해서 만들어질 것이다.

가치

　　사색의향기에 관심을 가진 이들은 그 진정한 가치에 대해 궁금해한다. 이메일을 통한 네트워크 구축 사례는 우리나라뿐만 아니라 외국에도 많이 찾아볼 수 있으며 문화를 통한 사회공헌의 사례 또한 마찬가지이다.

　　이런 이유로 '사색의향기만의 차별화된 가치가 무엇인지'에 대해 의문을 가질 수 있다. 여기에서 말하는 '가치'는 광고효과로 측정되는 경제적 가치로도 표현될 수 있다. 하지만 사색의향기는 무형의 가치를 더욱 소중하게 여긴다. 이에 따라 사색의향기는 유행을 타지 않는 순수하게 차별화된 아날로그식 가치를 지속적이고 일관되게 추구하여 그 바탕 하에서 공유가치를 만들어 왔다고 할 수 있다.

　　창출된 공유가치를 바탕으로 사색의향기는 비경제적이며 비경쟁적인 모델로 자리매김하였으며, 행복한 문화나눔의 기반을 만들고 실천해왔다.

한국의 경우, 온라인 권력자가 운영하는 포털 외에도 독립적으로 사이트를 운영하는 단체가 여러 개 있는데 대부분 특정인이 소유하고 있으며 아울러 상업적인 기반도 갖고 있는 경우가 대부분이다. 이들과는 다르게 사색의향기는 겉보기에는 특별하게 보이지 않지만 행복한 문화나눔을 통하여 사회에 공헌하는 일을 지속적으로 실천하는 가운데 사색의향기만의 차별성을 만들어 왔다.

사색의향기는 숨어 있는 네 잎 클로버(행운)를 찾기보다는 파랑새처럼 이미 내 곁에 있는 세 잎 클로버(행복)를 진정으로 즐길 수 있게 만들었고, 이것이 바로 사색의향기만이 가지는 보편적인 가치가 되었다.

그 차별화된 내용을 살펴보면

● 특정인이 소유하지 않음
● 투자 대비 영향력이 큼
● 회원 스스로가 참여를 통하여 부담하는 원칙 고수
● 이메일을 받겠다고 동의한 회원의 규모
● 산업출판계 지원
● 행복한 문화나눔 운동 지속 전개
● 비경제적이며 비경쟁 원칙 준수

상기한 '행복한 문화나눔'의 가치는 온라인에서는 일

반화되지 않은 사색의향기만의 차별화된 공유가치이자 생존 전략이기도 하다. (※행복한 문화나눔터, 문화나눔 공동체, 문화나눔을 통한 공유가치 창출이 사색의향기의 본질이며 키워드이다.)

태동

　사색의향기는 2004년 2월 5일 비영리 문화사업 추진에 대한 아이디어를 구체화하기 위해 필자가 주축이 되어 추진위원회가 구성되어 그 활동을 시작하였고, 마침내 같은 해 5월 4일 창립발기인 총회가 개최되면서 설립된 비영리 단체이다. 또한, 이날은 사색의향기 문화사업의 근간이라고 볼 수 있는 향기메일 제1호가 발송된 역사적인 날이기도 하다. 이에 따라 향기메일 제1호를 보낸 날이자 창립발기인 총회 개최일인 2004년 5월 4일은 창립기념일로 정해져 지금도 유지되고 있다.

　사업명칭을 사색의향기로 확정하면서 시작한 문화사업의 첫걸음은 책 속에 실려 있는 좋은 글을 발굴하여 이메일로 보내주는 '향기메일' 발송사업과 좋은 책을 소개한 후에 이메일을 통해 이를 알리고 회원들이 댓글로 신청하면 책 수량만큼 당첨자를 선정하여 책을 보내주는 '좋은 책 이벤트'로 시작되었다. 사업명칭이자 단체 이름이기도 한 사색의향기는 첫 사업을 시작하면서 책의 사상들이 우리 사회에 향기로 널리 퍼져 그 속에 담긴 좋은 뜻이 실행되기를 바라는 마음으로 탄생하게 된 것이다.

대부분의 위대한 시작이 그러하듯 사색의향기도 책을 좋아하는 사람들이 그 마음을 서로 나누는 소박한 실천에서부터 출발했다. 여기에는 특별한 전략과 전술이 없다.

단지 책을 좋아하는 사람들이 함께하면서 행복한 문화 나눔의 가치를 만들어나가는 작은 실천 운동이다. 2004년 2월 책을 통한 행복 나눔을 꿈꾸던 작은 소망으로부터 시작된 사색의향기는 오늘 이 순간도 역동적으로 존재의 이유를 알리고 있고 앞으로도 그 활동이 지속될 것으로 확신한다. 그 원동력은 사람과 사람을 연결하는 인문정신 문화이다.

대의원

　사색의향기는 비영리 단체로 그 정회원을 대의원이라 칭하고 있다. 그 범위는 이사, 자문위원, 운영위원, 명예회원(고문 등), 지부 임원, 산하단체 임원, 산하동호회 임원 등 함께하는 모든 사람을 포함하고 있으며 대의원은 총회 의결권을 포함한 사색의향기와 관련한 권리사항과 의무사항을 가지게 된다.

　대의원이 되고자 하는 회원은 대의원 입회원서를 제출한 후 고문, 자문위원의 경우에는 이사회 결의로 추대되며, 운영위원은 운영위원장(이사장 혹은 상임이사가 겸임)의 승인으로 선임된다. 그러나 지부 임원, 산하단체 임원, 산하 동호회 임원은 각각의 규정에 따라 선임되고, 선임 후 자동으로 대의원의 자격을 얻게 된다.

　대의원의 권리와 의무는 정관 및 회원규정에 명확하게 정의되어 있다.

　먼저 대의원의 권리 사항을 살펴보면, 커뮤니티에서

등록한 온라인 회원과 회비를 내는 향기회원이 가지는 권리 사항을 포함한 총회 의결권, 이사와 감사의 피선임권, 산하기관 임원 참여권, 본원의 시설물을 이용할 수 있는 권리 등이 있다.

제6차 대의원 총회(2007)

대의원의 의무사항은 다음과 같다.

당연히 온라인 회원과 향기회원이 가지는 의무를 포함하여 본원의 정관 및 제 규약의 준수, 총회 및 이사회의 결의사항 이행, 회원으로서 권위와 품위유지, 정회원 회비 및 제 부담금의 납부, 회원 신상변동에 관한 신고 등의 의무가 있다. 기타 지부 임원, 산하단체 임원, 산하 동호회 임원은 관련 규정에 의거 각각의 권리와 의무를 지게 된다.

현재 대의원의 총수는 800여 명(지부장 및 산하기관

사색의 향기 문화나눔 세상을 꿈꾸다

임원 포함)으로 대의원의 회비는 단체 운영 및 사업을 위해 필수적인 비영리 단체의 재정적 기반이 되는 것으로 회비 납부는 무엇보다도 중요한 의무라고 할 수 있다. 사색의향기는 회비를 납부하면 그 회비만큼 '컬피 포인트'를 지급하고, 지정기부금 영수증을 발급하고 있다. 요약하면, 대의원은 사색의향기의 주인이며, 회비 납부를 통하여 그 권리와 의무가 발생한다고 할 수 있다.

마라톤 동호회

정체성 탐구

　사색의향기의 정체성은 무엇일까?

　정체성에 대한 사전적 의미는 '변하지 아니하는 존재의 본질을 깨닫는 성질, 또는 그 성질을 가진 독립적 존재'로 설명하고 있다.

　사색의향기의 정체성은 우선 법인격이 없는 단체라고 할 수 있다. 보다 구체적으로 설명하면 사색의향기는 '법인격이 없는 단체가 다음의 요건을 모두 갖추고 대표자 또는 관리인이 관할 세무서장에게 법인으로 신청하여 승인을 얻은 경우에는 그 단체를 비영리법인으로 본다'라는 법적 근거에 의한 단체이다.

　법인이 사업을 하기 위해서는 관계 기관의 허가를 받아야 하고, 그 사업의 범위는 해당 관계 기관이 관장하는 범위를 벗어나지 못한다. 그러나 법인격이 없는 단체는 이를 제한하지 않는다는 특징이 있다. 이에 따라 사색의향기는 사업

　사색의 향기 문화나눔 세상을 꿈꾸다

의 범위를 넓게 하면서 다수 부처의 목적사업을 추진할 수 있는 근거를 가질 수 있게 되었다. 많은 단체가 법인격 없는 단체로서 비영리사업을 추진하는 이유가 바로 여기에 있는 것이다. 또한, 필요하면 산하에 법인을 두어 허가 기관과 협력하여 특정 사업을 진행할 수도 있다(사단법인 사색의향기 존재 이유).

사색의향기의 정체성을 보다 구체적으로 말하면 "문화나눔 및 사회공헌을 목적으로 설립된 비영리 단체"라고 할 수 있다. 이는 사색의향기 설립 취지인 "향기메일 사업을 통하여 문화나눔과 사랑 나눔을 실현하고 새로운 행복문화를 발전시켜 '행복한 문화 나눔터'를 만들고자 설립되었다."와도 그 맥을 같이 하고 있다. 현재 사색의향기는 경기도에 비영리민간단체로 등록하여 활동하고 있다.

회원수 173만의 의미

2004년 활동을 시작한 이래 회원들 숫자를 홈페이지에 알리는 것이 전통처럼 이어져 지금까지 계속되고 있다. 이 정도의 회원수(173만)를 예상하고 시작한 것은 아닌데 현재의 회원 수에 이르렀고 이에 따라 운영비용 또한 지속적으로 증가하게 되었다(이메일 발송 비용 증가 및 서버 증설에 따른 추가 비용 소요 등).

사색의향기는 커뮤니티를 구축하는 과정에서 회원의 신규 가입 및 활동의 적극성을 장려하지는 않았다. 그러나 접속회원이 일일 기준 60만에 달하여 서버가 다운된 적이 여러

차례 있었다. 영리를 추구하는 사업자라면 이를 환영하고 수익과 결부시킬 수 있는 즐거운 일이었겠지만 운영비용을 걱정하는 비영리 문화단체로서는 매우 어려운 상황이었다.

지금까지는 회원들의 충성도를 유도하는 그 어떤 시도도 하지 않았지만, 오늘 현재도 사색의향기를 기억하고 매일 수천 명씩 '사색의향기'를 방문하고 있다. 사색의향기 홈페이지 로그인 창을 보면 '향기가족' 173만 명으로 표시되어 있는데 이는 향기메일을 공유하는 회원들의 숫자로 해당 회원에게 향기메일이 지속적으로 보내지고 있음을 뜻하는 것이다.

사색의향기와 회원들은 서로가 언제나 함께할 것이라고 믿고 있다. 회원들이 사색의향기를 믿고 사색의향기가 매일 보내 드리는 향기메일을 공유하는 가운데 서로 행복한 문화를 나누는, 대한민국 최초의 문화나눔 시스템이 가동되고 있다고 해도 과언이 아닐 것이다.

2015년 이후 약 30만 개 이상의 휴면 계정을 정리한 바 있다. 이처럼 보다 정확한 회원정보를 제공하기 위한 노력은 앞으로도 지속될 것이며, 이를 통해 가능한 한 많은 회원들과 행복한 문화나눔을 함께하기 위해 끊임없이 노력할 것이다.

회원의 충성도

　사색의향기에 관심이 많은 회원의 걱정 중 하나가 회원의 충성도가 낮다는 것이다.

　아는 바와 같이 실제로 온라인 기반의 영리사업자가 가장 원하는 것이 회원의 충성도이다. 영리 사업자들은 많은 재원을 투입하여 사용자들을 유혹하고 흥분하게 하며 충성도를 높이는 소위 온라인 프로모션을 적극적으로 시행하고 있다.

　온라인 프로모션을 하는 과정에서 사업자들은 익명성 뒤에 숨어 악플과 비사회적인 콘텐츠를 양산하고 이를 마치 활성화된 것처럼 포장하여 스스로의 홍보 기반을 만들어 가는 사례들이 적지 않다. 대부분의 비즈니스 모델은 이러한 활성화 과정을 통해 사용자의 니즈를 효과적으로 공략하는 구조로 이루어져 있다.

　상기한 영리사업자들의 충성도를 높이는 방법은 온라인 프로모션 매뉴얼에 잘 나와 있는데 이와는 대조적으로 사색

　사색의 향기 문화나눔 세상을 꿈꾸다

의향기는 그 반대의 길을 걸어왔다. 사색의향기는 가볍고 자극적인 온라인 환경에서도 우직하게 아날로그적인 행복문화를 추구하는 것으로 나아갈 방향을 정하고 기존 영리사업자들의 온라인 프로모션과의 차별화를 통해서 사색의향기의 가치와 목적을 지속적으로 지켜나가고 있는 것이다.

그 차별화된 내용은 살펴보면 다음과 같다.

● 향기메일 : 초등생, 직장인, 짧은 내용, 비정치 등
● 실명사용 : 닉네임 사용하지 않음
● 포괄적인 행복문화 : 다양성과 보편성 확보
● 느슨한 관계 : 프로모션 안함
● 활동 : 자발적 참여와 자기 부담 원칙
● 비상업적 운영 : 사회 공헌적 운영, 비경제 원칙 준수

이러한 내용은, 영리를 추구하는 온라인 사업자들의 관점에서 보면 말도 안 되는 것일 수도 있다. 아날로그적인 우직함과 순수성이 17년이 넘는 시간이 지나는 동안 사람들 가슴에 스며들고 그들을 사색의향기에 젖게 해서 173만 회원이 된 것은 그 누구도 예측하지 못한 일이었다.

회원의 충성도를 객관적인 방법으로 측정하는 데는 여러 가지 어려움이 따르지만, 사색의향기가 어려운 상황에 부닥쳤을 때, 도움을 주기 위해 1일 70만에 달하는 회원님들께서

방문하여 사이트를 다운시킨 경우가 충성도를 나타내는 좋은
예로 들 수 있을 것이다.

킬러 콘텐츠의 진실

킬러 콘텐츠(killer contents : 죽여주는 콘텐츠)의 사전적 의미는 '미디어가 폭발적으로 보급되는 계기를 만드는 콘텐츠'이다. 게임으로 널리 알려진 플레이스테이션(PS)의 예를 들면 '파이널 판타지 7(FF7)'이라는 걸출한 콘텐츠가 PS를 널리 보급 시키는 데 결정적인 역할을 했다. 이렇게 볼 때, 킬러 콘텐츠는 상업성이 짙으며 대규모 자금으로 만들어진 콘텐츠임을 알 수 있다.

그러면 사색의향기에는 킬러 콘텐츠가 있을까? 사색의향기는 킬러콘텐츠라고 표현하기는 어렵지만, 사색의향기를 대표할 수 있는 콘텐츠를 여러 개 가지고 있는데 다음과 같다.

우선 '향기메일'이 대표 콘텐츠이다.

사색의향기는 '향기메일' 콘텐츠를 창작하여 회원 및 잠재 회원에게 선물하고 있는데 '향기메일'은 현재의 173만 회원을 만든 강력한 온라인 콘텐츠라고 할 수 있다.

향기메일

'좋은 책 이벤트'는 출판 산업계를 돕고 있다.

책을 소개하고 싶은 출판계나 좋은 책의 정보를 원하는 회원을 연계하고 소통시키는 대표 콘텐츠라고 할 수 있다. 현재 출판계는 매우 어렵다. '좋은 책 이벤트' 콘텐츠는 일차적으로 출판계와 저자를 위한 것이지만 나아가서 우리 사회를 행복한 문화나눔의 사회로 만드는 좋은 콘텐츠라고 확신한다.

각각의 컬러를 갖고 있는 9개의 여행동호회를 운영하고 있다.

행복을 직접 나누어 줄 수는 없지만, 행복한 문화를 나누는 일은 가능하다. 여행동호회가 만들어 내는 콘텐츠인 '힐링'은 우리 사회가 행복해지는 데 매우 중요한 수단이 될 수 있으며, 또한, 여행을 통하여 많은 사람과 만나고 건전한 관계를 만들어 갈 수 있도록 도와준다.

　이상에서 살펴본 것처럼 사색의향기의 콘텐츠는 어쩌면 평범할 수 있다. 이런 이유로 상기의 콘텐츠들을 사색의향기의 킬러 콘텐츠로 이해하지 못하는 분들이 많을 수 있다. 평범한 가운데 진리가 숨어 있음을 우리는 모두 잘 알고 있다. 사색의향기는 지금까지 별거 아닌 평범한 것을 소중한 공유가치로 만든 사례들을 분명하게 보여 드려 왔으며, 또한 이것이 실제로 차별화 요소로 자리매김하였다(이런 이유로 킬러 콘텐츠가 없는 것으로 보여진 것이 아닌가 하고 생각한다).

　불과 3분만 공기가 없으면 사람은 죽는다. 하지만 평상시에는 누구도 그 중요성을 인식하고 있지 않다. 그저 습관처럼 사용하고 있을 뿐이다. 사색의향기는 그리 특별하지는 않지만, 우리 사회의 공기와 같은 역할을 하기 위해 오늘도 최선의 노력을 경주하고 있다.

커뮤니티의 역할

　　사색의향기 커뮤니티는 무엇을 하는지 질문하는 이들이 있다. 아마도 이는 회원들이 보다 커뮤니티를 편리하게 이용할 수 있도록 최선을 다하고 있지만 다양한 계층과 남녀노소 모두의 요구사항을 충족시키려 하다 보니 어느 한쪽도 만족시키지 못하는 커뮤니티처럼 보여서 그럴 수 있다.

　　그러나 분명한 것은 사색의향기는 특정 부류나 특정인의 만족이 아니라 회원 모두가 만만하고 부담 없고 믿을 수 있는 대상으로 평가받기를 더 원한다.

　　오늘의 사색의향기는 많은 이들에게 알려져 있다. 하지만 여전히 무엇을 하는 곳인지 잘 모르겠다는 사람들이 있다. 수년 전 커다란 반향을 불러일으켰던 '선영아 사랑해'라는 광고 문구처럼 막연하게 궁금증을 가지기도 한다. 한편으로는 좋아하는 사람들이 함께하는 효율적인 커뮤니티가 되지 못하고 있는 것이 아닌가 걱정하는 이들도 있다.

옹달샘은 그저 주인 없이 누구든지 오면 갈증을 해소시켜 주고 그 존재 가치를 주변의 모든 동식물과 공유한다. 지나가는 사람들도 목을 축이게 한다. 온라인 세상에서 옹달샘을 많이 만들어 내는 기반이 커뮤니티이고 또한 그것이 커뮤니티의 역할이기도 하다.

사색의향기 커뮤니티 활동의 궁극적인 결과물은 국내외 지부들이다. 2020년 8월 기준 238개의 지부가 설립되었고 각 지부에서는 매뉴얼에 따라 행복한 문화나눔 활동을 펼치고 있다.

이를 통해 행복한 문화나눔의 착한 영향력을 증대해 나가도록 할 것이며 궁극적으로 사색의향기 커뮤니티는 삶의 위안을 주는 언덕이 되고 아울러 사회를 풍요롭고 행복하게 만드는 교두보로 맡은 바 역할을 묵묵히 다해 나갈 것이다.

문화나눔의 의미

　　사람이 살아가면서 하는 행동의 대부분은 다른 사람과의 관계에서 이루어지고 그 관계는 문화를 만들어 내게 된다. 그러나 많은 경우, 개인마다 지니는 지식과 경험, 사회적 위치의 차이가 인간 사이의 순수한 관계를 만들지 못하고 건전한 문화형성을 방해하는 요소로 작용하게 된다. 이렇듯 완전하지 않은 사람 사이의 관계를 순수한 인간 본연의 관계로 되돌리고 이를 통해서 문화의 양상을 바꾸고 그 결실을 많은 사람이 나누고자 하는 시도가 바로 '행복한 문화나눔'이라고 할 수 있다.

　　우리가 살고 있는 21세기는 전 세계적으로 급속히 변화하는 다양한 문화들이 공존하는 시대이다. 특히 우리나라는 급속한 산업화와 인터넷 혁명, IT 문화의 발전을 통해 상대적으로 이런 다문화의 유입이 더욱 활발하게 이루어지고 있음을 우리는 잘 알고 있다.

　　그러나 이를 수용하려는 사회적인 인식과 분위기는 아

직도 성숙하지 못한 상태라고 할 수 있다. 이처럼 건강하고 품격 있는 문화가 보급되지 못함으로 인해 한국의 자살률은 2019년 인구 10만 명 당 26.6명으로 최근 13년간 단 한 해를 제외하고는 계속 OECD 1위를 기록할 정도로 비참한 수준을 보여주고 있으며 이밖에도 이혼율의 계속적인 증가 등 심각한 사회적 부작용을 겪고 있다.

급속하고 다양한 변화의 시대, 우리에게는 건강한 문화 정체성을 지켜내기 위한 정례적이며 지속적인 '행복한 문화나눔'의 인격교육이 필요하며, 이는 시민사회문화 및 사이버문화, 교육문화를 통해 지속적으로 확대 발전시켜야 할 과제이다. 따라서 미래지향적인 관점에서 우리 사회의 건전한 사회문화를 발전시키기 위해서는 '더불어 도움을 주고 바르게 함께하는 재미있는 문화'가 정착되어야 하며 이런 행복한 문화나눔을 위해서는 인격과 품격을 갖춘 지도자의 역할이 그 어느 때보다도 중요하고 필요한 시점이다.

많은 사람이 성공만이 행복할 거라고 믿으며 살아왔다. 그런데 성공 지향적인 질주와 경쟁으로 성공을 경험하기는 하였지만, 행복하지 않을 수도 있다는 생각을 사람들이 하기 시작했다. 목표 지향적인 삶을 통해 얻어지는 기쁨도 있지만, 성취와 동시에 그 이후의 더 큰 목표를 다시 설정해야 하는 끝없는 질주는 잠시도 사람들을 쉬지 못하게 만들었기 때문이다.

제어되지 않는 목표, 과정을 중시하지 않는 목표는 결

코 행복하지 않다는 것을 처절한 실패를 경험하고 나서야 뒤늦게 알게 된다. 사업실패는 성공이라는 높은 벼랑에서의 끝없는 추락을 의미하고 그 추락으로 완전하게 망가질 줄 알았지만, 막상 추락하는 과정에서 보이지 않는 날개가 있다는 것을 발견하게 되었다. 그 날개는 그동안 함께한 많은 사람의 존재였고 현재의 상황과는 상관없이 여전히 그들이 함께하고 있음을 깨닫게 되었다.

향기촌 문화나눔(2020)

'문화나눔'의 또 하나의 의미는 결핍을 통해 행복을 배우는 것이다. "나는 당신이 할 수 없는 일을 할 수 있고, 당신은 내가 할 수 없는 일을 할 수 있어 함께 큰일을 할 수 있다." 그 누구도 해내기 어려운 끊임없는 자기희생으로 각박한 현대 인류사에 빛나는 정신을 보여주었던 마더 테레사라고 불렸던 테레사 수녀님께서 하신 말씀이다.

함께 살아가는 세상에서는 모든 것을 충족한 것보다 조금은 부족한 것이 좋다. 때에 따라서는 꼭 필요한데 꼭 있어야 하는데 없는 결핍이 있을 수도 있다. 이 경우 그러한 결핍을 보완할 협력적 사고를 키우고 그를 통하여 협력의 삶을 실천할 수 있는 것이 바로 '문화나눔'이다. 문화나눔은 '내가 있고 당신이라는 타인'이 있어야 가능하다.

대부분의 사람들은 자신이 가지지 못한 재산, 외모, 능력을 시기하고 질투한다. 그러나 이를 오히려 인정하고 나누면 그 결핍조차도 행복이 되고 축복이 되게 만들어 주는 것이 바로 '행복한 문화나눔'이며 사색의향기는 그러한 분들이 공동체가 되는 건강한 사회를 꿈꾸고 있다.

문화나눔의 가치

　　황금만능주의에 완전히 물들어버린 사람들은 그들이 벌어들인 소득의 크기로 자신들의 존재 가치가 결정된다고 착각을 한다. 뿐만 아니라 다른 사람의 가치까지도 그 사람의 수입을 기준으로 판단하는 우를 범하고 있다. 돈은 다른 무언가를 사기 위한 수단이지 소유자의 가치를 측정하는 잣대가 아니기에 이와 같은 생각은 그릇된 것이다.

　　예를 들면 필요한 물건을 사고 난 후 자신이 보유하고 있던 돈이 줄어들었다고 해서 그 사람의 가치가 내려가는 것은 아니며 남에게 베푸는 일 없이 오직 절약하면서 돈만 모은다고 해서 다른 사람들이 "당신은 너무나 소중한 사람이다."라고 그 가치를 높여 주지는 않기 때문이다.

　　우리는 모두 잘 알고 있다. 누군가로부터 "당신은 하나밖에 없는 소중한 사람이다."라는 말을 우리 모두가 듣기를 원한다는 것을. 또한 우리 모두는 가진 것이 없어도 혹은 어떤 일에 성공하지 못했더라도 "당신은 무엇과도 교환할 수 없고 비교할 수도 없는 스스로의 가치를 가지고 있는 사람이다."라는 말을 역설적으로 듣고 싶어 하고 그 가치를 인정받고 싶어 한다.

제153회 역사문화탐방

우리는 모두 살아가면서 돈이 중요하다는 것이 지극히 현실적인 명제라는 것을 잘 알고 있다. 하지만 이와는 반대로 돈 이외의 어떤 것, 즉 돈의 가치가 적용되지 않는 비(非)물질적인 것으로부터 가치를 만들어 내고 그것을 나눔으로써 보다 존엄한 인간으로 살아가는 것에 대한 욕구 또한 가지고 있다.

상기한, 인간을 더욱 인간답게 만들어 주는 비(非)물질적 가치가 바로 사색의향기가 추구하는 '문화나눔 가치'이다.

시낭송회-시사랑 내곁에(2008)

문화나눔과 소통

행복한 문화나눔은 행복한 소통으로 가능하다는 것을 현장에서 배우게 된다. 행복한 소통은 사실 특별한 것은 아니다. 이미 우리가 모두 다 알고 있고 또한 늘 하는 일이기도 하다. 단, 리더십이나 경영조직에서 의미하는 소통과는 아주 다른 면이 있는데 그것은 경쟁과 비경쟁의 차이다. 바꾸어 말하면 경제적 관점과 비경제적 관점의 차이라고 할 수 있다.

경쟁과 경제적 관점에 익숙한 현대인들은 이기심과 독선, 자신만의 팩트로 소통하는 것이 옳다고 생각하기 때문에 많은 문제가 발생하고 소통에 어려움이 생겨난다. 경쟁과 경제 논리로 움직이는 지식형 인간이 아닌 감성체로서의 인간을 이해하는 데는 오랜 시간이 소요된다.

소통을 위해 노력하다 보면 개인 존재의 본질이 개인 스스로가 확신하는 팩트가 아닌 상상하는 것, 보고 싶은 것, 알고 싶은 것, 생각하고 싶은 것, 희망하는 것 위에 자리한다는 것을 알게 된다. 다시 말하면 경쟁과 경제적 관점, 팩트와 지식으로 소통하면 서로 '자신만의 세계'에 갇혀 문제가 생기지만 비경쟁, 비경제적인 태도, 감성과 희망, 비전을 통해서 소통하면 사람들은 쉽게 공감대를 형성하고 저절로 소통의 문이 열린다는 것이다.

'행복한 문화나눔'은 자신만의 세계가 아닌 쌍방향의 행복한 소통으로 행복한 문화를 서로 공유하고자 하는 것이라고 요약할 수 있다.

사색의향기는 지금까지 해 왔던 것처럼 행복한 문화나눔은 곧 소통이라는 확신을 갖고 앞으로도 행복한 문화나눔 운동을 지속적으로 펼쳐 나갈 것이다.

소통의 방법

　행복한 소통에는 문화로 소통하기, 감성과 영혼의 언어로 소통하기, 칭찬으로 소통하기 등의 방법이 있다.

문화로 소통하기

　좋은 행동은 습관으로 이어지면 보다 높은 가치를 가지게 된다. 일상적인 관계 속에서 만들어지는 무의식 속에서도 행복한 소통을 꿈꾸고 실천하다 보면 이는 습관화되어 최상의 행복한 소통을 만들어 낼 것이다.

감성과 영혼의 언어로 소통하기

　사람들 간의 교류는 언어를 전제로 한다. 감성 충만한 순백의 영혼에 바탕을 둔 언어를 통한 소통은 매우 중요하고 의미가 있는 소통으로 상대방의 가슴속에 행복감을 남겨둘 수 있는 방법이다.

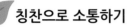 **칭찬으로 소통하기**

　　다른 사람에게 경제적 비용 없이 크게 베풀 수 있는 수단이다. 행복한 소통은 그다지 어렵지 않다. 다른 이들과 더불어 살아가는 가운데 앞서 얘기한 소통의 방법을 실천하고 습관화하면 자신은 물론이고 주위의 모든 이들을 행복하게 만들 수 있다. 이는 하루아침에 깨달아 얻어진 것이 아니라 행복한 삶을 사는 많은 이들의 말씀을 귀담아듣고 아울러 우리를 행복하게 만들어 주는 수십 권의 책들 가운데서 발견한 키워드이며 한편으로는 17년 동안 사색의향기 활동의 진득한 체험의 결과이기도 하다.

문화나눔 프로세스

행복한 문화나눔 프로세스는 Favour에서 출발하여 Share Value에서 완성된다.

Favour - 삶에 도움을 주는 좋은 콘텐츠 선물

+ 향기메일 : 회원들 상호 간 선물
  (주제별 다양한 콘텐츠)
+ 좋은 책 이벤트 : 출판 및 독서문화 활성화 사업
+ 공연 이벤트 : 문화예술 단체 지원 사업
+ 특선 이벤트 : 후원기관의 제품 이벤트 홍보

Communication - 선물을 통해서 연결된 회원들과 열린 소통 실천

+ 사색의창 및 커뮤니티 운영 : 행복한 문화 플랫폼
+ 카페/블로그 : 동호회 활동 지원

+ 한글사랑 운동 : 협력기관과 협력사업 진행

제100회 문학기행 기념

🌿 Enjoy - 소통을 통해 가족이 된 컬피 가족들 간 다양한 문화 즐기기

+ 향기 채널 : 칼럼, 작가 탐방, 명사 탐방

+ 산하기관 : 향기작가회, 향기서평단, 향기기자단

+ 여행동호회 : 도보여행, 문학기행, 테마여행, 힐링

 캠프, 향기산우회, 자동차 원정대

+ 작가 및 멘토 탐방 : 1,000명 목표, 작가 지도 작성

🌿 Consensus - 즐기는 가운데 모든 회원 및 기관들과 공감대 형성

사색의 향기 문화나눔 세상을 꿈꾸다

+ 173만 향기인 및 후원기관

+ 지원과 협력 단체 등

도보여행 제주 올레길(2015)

Together - 공감으로 하나 된 회원들과 함께 행복한 사회 만들기 동참

+ 참여 행사 : 태안사랑, 희망 걷기대회, 위대한 멘토

+ 지부 활동 : 지역별 회원 친목 및 사회공헌 활동 강화

Share Value - 행복한 문화나눔을 통한 공유가치 창출

+ 문화를 통한 비제도권 소년소녀가장 지원 사업

+ 사색의향기 사회공헌단 : 사회공헌 활동 활성화

+ 컬피 펀드 : 문화사업 지원을 위한 재원 마련

+ 후원기관 : 기업 활동을 돕고 사회공헌을 후원하는
쌍방향 협력

이상과 같은 프로세스는 사색의향기를 차별화된 행복한 문화나눔터로 지속적으로 발전시켜 나갈 것이다.

제1회 테마여행(2008)

사색의 향기 문화나눔 세상을 꿈꾸다

문화나눔 윤리강령

    사색의향기의 목표는 '따뜻한 정을 나누는 고품격 문화나눔터'가 되는 것이다.

    이 목표를 실천하는 과정에서 기준을 명시하였다. 이를 사색의향기 윤리강령이라고 칭하며, 이는 궁극적 목표인 '인간 본연의 정신을 회복하며 오래된 것의 가치를 소중히 하는 문화나눔터'로 가는 여정의 지침이며 다음과 같다.

나눔의 실천

인간 본연에 대한 애정을 갖고 인간관계에 대해 신뢰함

문화의 존중

문화 전반에 대해 깊이 있게 이해함

예술의 전파

품격 있는 예술 소통 공간을 마련하고 전달함

중립성 견지
정치적, 종교적인 색채를 배제하고 중립성을 견지함

공익성 추구
공동 목표와 가치를 지키기 위해 공익성을 추구함

사색의향기는 상기한 윤리강령을 모든 회원과 공유하고 함께 지속적으로 지켜나갈 것이다.

문화나눔 행동강령

사색의향기의 문화나눔 행동강령은 활동에 참여하는 모두의 태도와 자세를 정하는 기본 지침으로 다음과 같다.

좌우 어느 쪽으로도 치우치지 않는 중립성 견지

우측을 이해하는 좌측, 좌측을 이해하는 우측이 될 것이다.

텍스트(글)로써 행복한 감동 전파

글은 창의력과 상상력을 증대한다고 확신한다. 그림과 영상도 좋지만 우선적으로 글이 전하는 행복한 감동을 전파하도록 노력할 것이다.

홈페이지 운영의 투명성과 개방성 유지

사색의향기는 행복한 문화나눔 플랫폼의 역할을 다하는 가운데 모든 운영 상황을 공유하고 개방적인 구조를 지속적으로 유지할 것이다.

수준 있는 해석과 격조 있는 콘텐츠의 지속적인 제공

아무리 훌륭하고 위대한 일이라도 지속하지 못하면 공유가치를 만들어 내지 못한다. 평범한 것도 지속적으로 갈고 닦으면 가치를 만들어 내듯 나름의 콘텐츠를 지속적으로 제공하면서 우리만의 가치를 구현할 것이다.

폐쇄적이지 않고 유연하게 개방된 건전한 교류의 장 제공

한국어를 사용하는 사람들이면 누구나 쉽게 참여하는 구조로 운영할 것이다.

숨어 있는 뛰어난 작가들 발굴

사회를 행복하게 만드는 우리 시대의 사상가들을 지속적으로 찾아 나설 것이다. 이런 맥락에서 작가 탐방코너는 점진적으로 확대해 나갈 것이다. 창의적인 생각만큼 멋진 콘텐츠는 없으며 그것이 만드는 세상은 차별화된 행복한 세상이 될 것이다.

상기 약속에 대한 스스로의 다짐

관심과 성원으로 함께 하여 주기 바란다.

사색의향기를 접하는 모든 이들과 같이 사색의향기의

정체성이 유지될 수 있도록 상기한 행동강령을 준수해 나갈 것
이다.

문화나눔 실천

　　사색의향기 문화나눔의 실천은 사색의향기 본부를 비롯한 238개 국내외 지부를 중심으로 이루어지고 있다. 특히 커뮤니티 활동의 궁극적인 결과물이기도 한 지부 중심으로 행복한 문화나눔 활동이 매뉴얼에 따라 이루어지고 있다.

　　지부의 역할 중 가장 중요한 요소는 월례회이며, 월례회를 통해 지부회원 간 교류 및 공감대를 형성할 수 있는 장(場)을 만들고 이를 바탕으로 문화나눔을 실천하고 있다. 지부회원들 간 월례회를 통해 공유하는 내용은 해당 지역만의 고유하고 독특한 것일수록 나누는 가치가 크며 이를 통해 공감과 힐링을 경험할 수 있을 것이다. 또한 지역의 명사를 초청하여 강연을 듣거나 문화행사를 통해 행복한 문화나눔을 실천할 수도 있다.

　　지역 문화나눔 실천의 장인 월례회가 일상적이고 자칫 사소하게 보일 수도 있으나 정기적이고 지속적으로 개최되는 월례회야말로 행복한 문화나눔의 기반이 되는 동시에 지역사회에 행복 바이러스를 퍼뜨리는 '문화나눔 옹달샘' 그 자체이다. 여기에 월례회의 존재의 의미가 있다.

전남 강진지부

월례회를 통해 힐링을 나누고 공감의 가치를 가질 수 있다면 그야말로 의미 있는 일이라 아니할 수 없다.

문화나눔의 지향점

문화부족

사색의향기는 문화나눔 활동을 하는 가운데 참여하는 회원들이 '가치적, 문화적, 사상적 자기규정(가치/문화적 정체성)'과 함께 '자신에 대한 조직적 자기규정(조직적 정체성)'을 명확히 할 수 있도록 길잡이 역할을 하고 있다. 사색의향기 '문화부족(文化部族)'은 공통의 문화적 취향과 가치, 지향점을 공유하며 내부적 동질성을 갖는 집단적 주체를 의미한다. 과거 씨족사회나 지역사회 또는 학연 사회와는 다르게 공유하는 가치와 문화를 바탕으로 함께 하는 공동체를 뜻하는 것이다. '문화부족(文化部族)'은 현실적인 오프라인에서의 정체성과 가상의 온라인상의 정체성을 혼융(混融)시키며, 온-오프라인 상에서 새로운 문화나눔의 대중적 문화주체의 모습을 추구한다.

사색의향기는 문화부족 집단으로서, 다음과 같은 3대 지향점을 갖는다.

서울 은평지부

사색의향기는 내부적으로는 온-오프 '문화부족' 공동
체이고, 외부적으로는 온-오프 '문화나눔' 공동체이다.

사색의향기는 '매력'으로 구심력을 형성하고, 원심력
으로 '착한 영향력'을 추구한다. 그 매력의 실체는 시민적 덕성
과 인문학적 통찰력 그리고 풍류적 재미(deep play)의 나눔에
있다.

사색의향기는 지속적으로 성장 발전하는 유기체이다.
이를 굳이 물질의 상태와 비교하면 온라인 회원 네트워크로
'일정한 모양을 가지지 않는 기체형' 커뮤니티를 형성하고, 국내
외 지역과 직능 지부 및 각종 소모임으로 '담는 그릇에 따라 모
양이 바뀌는 액체형' 문화공동체를 만들어 가며, 정주형 도농상
생마을로 '일정한 모양을 가지는 고체형' 귀촌 마을(향기촌)을
만들어나감을 지향한다.

컬피(Culppy) 의미

　　궁극적으로는 글로벌화를 지향해야 하는 사색의향기를 글로벌 언어로 어떻게 표현할 수 있을까 하고 수많은 탐색과 수없이 많은 고민 끝에 마침내 신조어인 '컬피(Culppy)'가 탄생하였다.

　　문화를 뜻하는 Culture와 행복을 의미하는 Happy의 컨버전스를 시도하여 'Culppy'라는 신조어를 만들어 냈다. 즉 Culture의 Cul과 Happy의 ppy를 합쳐 행복한 문화를 뜻하는 'Culppy'를 만들고 나서 국내외 포탈을 활용하여 전례가 있는지를 면밀히 검색해 보았으나 이와 같은 용어를 사용한 사례가 전혀 없었음을 확인하였다. 아울러 해당 언어인 영어로서 부정적 느낌은 혹시 없을까를 걱정하여 원어민 교수에게 문의한 결과 'Culppy'가 좋은 느낌을 주는 신조어라는 피드백을 받은 후 공식적으로 사색의향기의 영문명칭으로 'Culppy'를 사용할 것을 결정하여 오늘에 이르게 된 것이다.

이후 사색의향기와 함께 'Culppy'를 복합적으로 사용하면서 시의적절하게 사용해 오고 있다. '행복한 문화나눔 공동체-사색의향기' 영문 명칭은 컬피(Culppy)이다.

Chapter 2

문화나눔의 메타피직스
(Metaphysics)

사색의향기

Metaphysics

　　Metaphysics는 형이상학(形而上學)을 뜻한다. 그리스어 메타(Meta : 뒤)와 피지카(physika : 자연학)가 합쳐져 만들어진 메타피직스는 자연학 다음의 학문이란 뜻이 있는데 아리스토텔레스에서 유래하였다.

　　아리스토텔레스의 정의에 따르면, 형이상학은 존재의 근본을 연구하는 학문으로 세계의 궁극적 근거를 연구하는 학문이다. 다른 정의로는 형이상학은 사회의 근본 체계, 사회 현상, 모든 지식 또는 인류 대다수에게 그보다 나은 지식일지라도 그것들의 근원은 변증된 체계가 아니라 하나의 독립된 개별적 영역이라고 주장하는 철학 이념이기도 하다.

　　또한 아리스토텔레스는 존재의 근본을 연구하는 부문을 '제1철학'이라 하고 동식물 등을 연구하는 부문을 '자연학'이라 했는데 사후 유고를 정리·편집함에 있어 제1철학에 관한 것이 '자연학' 뒤에 놓여 그때부터 메타피지카(metaphysica :

형이상학)라는 말이 쓰이게 되었다.

사색의향기 메타피직스는 이슬비(drizzle) 이론, 매력 이론, 비빔밥 이론, 포도송이 이론, 옹달샘 이론, 사색(四色) 이론 및 느슨한 결합 관계(loosely coupled Relationship) 이론으로 이루어져 있다.

이들 이론은 지난 17년간 사색의향기가 성장 발전해 오면서 다듬어지고 정리된 것으로, 사색의향기를 더욱 쉽게 이해하는 데 도움을 줄 것이다. 또한, 사색의향기에 관한 제반 논리를 가능한 한 보편화시켜 사색의향기 활동에 대한 당위성과 신뢰성을 한층 높여 줄 것으로 기대한다.

사색의향기는 향후 Ver_2.0을 실천하는 과정에서 사색의향기를 Level-up 시킬 수 있는 다양한 이론적 배경들을 지속적으로 탐구해 나갈 것이다.

이슬비(drizzle) 이론

　　사색의향기 회원 간 관계를 이슬비 같다고 한다. 짐작하건대 회원 서로 간 경계하지 않고 어울리는 것을 두려워하지도 않고 피하지도 않기 때문이다. 이슬비는 거부감 없이 비를 즐기게 하고 부지불식간에 즐기는 이들을 속까지 행복감에 젖게 만든다.

　　사색의향기가 궁극적으로 추구하는 행복한 문화나눔은 건강한 사회를 만들고 그 사회의 구성원으로 하여금 더불어 행복하게 살게 하는 가운데 이슬비에 속까지 젖어들듯 서서히 그리고 저절로 변화하게끔 하는 것이다.

　　사색의향기는 느슨한 관계를 바탕으로 보편적이고 뻔한 원칙을 가지고 있으며 내로라하는 킬러 콘텐츠가 없다. 아마도 이러한 점이 이슬비의 속성과 닮은 점일 것이다. 평소에는 그저 흔하고 존재감을 거의 느끼지 못하는 공기는 우리가 살아가는 데 있어서 반드시 필요한 것이다. 이슬비도 그러하다.

사색의향기의 정체성인 문화나눔 및 사회공헌의 구현을 이슬비처럼 추진하면서 건강하고 행복하게 사회를 변화시켜 나가는 것이 우리가 추구하는 가치다.

매력(魅力) 이론

학자에게는 학력(學力)이 있고, 기술자에게는 기술력(技術力)이 있다.

기업가에게는 금력(金力)이 있고, 정치인에게는 권력(權力)이 있다.

성직자에게는 성력(聖力)이 있고 사회운동가에게는 영향력(影響力)이 있다.

그리고 사색의향기에는 매력(魅力)이 있다.

매력(魅力)를 한자를 풀어보면 귀신같은 힘, 도깨비 같은 힘이다. 매력은 국어사전에 '사람의 마음을 사로잡아 끄는 힘'이라고 정의되어 있다. 다르게 표현하면 차별화된 힘이라고 말할 수 있다.

그러면 사색의향기의 매력은 무엇일까.

회원 상호 간, 다른 커뮤니티와 경쟁하지 않으면서도 스스로의 정체성을 유지하는 동시에 행복한 문화나눔을 추구하는 보편적 차별화가 바로 사색의향기의 매력이다.

이것이 '매력 이론'이다.

사색의향기는 비경쟁적이면서 매력이 넘치는 문화를 발굴하고 향유하여, 많은 분과 함께하면서 행복한 문화나눔을 지속적으로 실천해 나갈 것이다.

비빔밥 이론

샐러드는 같은 그릇에 섞여도 재료가 독립적인 반면, 비빔밥은 고추장을 넣고 비비기 시작하면 재료의 독립성은 사라지고 무언가 새로운 맛이 만들어진다.

오래전부터 비빔밥 문화를 만들고 유지해 온 우리 민족의 문화 유전자 코드에는 다양성이 담겨져 있다. 심지어 어떤 분들은 비빔밥에서 유비쿼터스를 떠올리기도 한다.

여러 재료의 무한 조합을 통해 무한 조합의 맛을 창조하는 음식이 비빔밥이다.

이러한 비빔밥에 해당하는 문화 활동이 이루어지는 곳이 바로 사색의향기이다. **사색의향기라는 그릇에는 다양한 사람들의 생각과 생활 양상이 재료로 들어있다.** 이 재료가 공감과 나눔이라는 고추장으로 비벼져 행복이라는 맛으로 새롭게 태어나는 곳이 바로 사색의향기이다.

사색의향기는 회원들의 정체성을 유지하고 함께 하는

그릇이다. 정체성을 유지하면서 회원들에게 건강하게 사회생활을 할 수 있도록 충만한 행복 에너지를 공급하고 있다. 건강한 사회를 만들 수 있게끔 함께 어우러져 행복이라는 자양분을 공급하는 비빔밥이 바로 행복한 문화나눔 공동체, 사색의향기이다.

포도송이 이론

　도시화가 거의 끝난 상태에서 도시와 도시가 연결되어 광역도시화되고, 나중에는 포도송이처럼 되어 메갈로폴리스를 형성하는 것을 '포도송이 이론'이라고 한다.

　메갈로폴리스는 미국 북동부 해안을 따라 규모가 크고 독립적인 대도시들이 점점 더 크게 합쳐지면서 형성된 지역을 말한다. 이 지역 도시들에 인구가 증가하면서 성장 효과가 주변에 있는 작은 곳에도 미치게 되었고, 주변에 있는 대규모 교외 지역은 도시가 전체적으로 퍼질 수 있도록 기여했다. 그 결과, 대도시 지역의 외곽이 결국에는 서로 합쳐지기 시작해서 확장된 도시 지역을 형성하기에 이르렀다. 메갈로폴리스의 핵심은 '도시성(Urbanness)'인데 도시의 서비스가 그 지역에 사는 수백만 주민들에게 다양하게 제공되고 있으며 가까운 곳 어디에서나 도시적인 형태를 찾아볼 수 있다는 것이다.

　사색의향기는 이와 같은 기능을 하는 포도송이와 같은

단체이다.

　　본부 중심으로 '문화나눔' 운동을 지속적으로 실천하면서 참여 회원, 산하기관, 동호회, 협력기관, 지부에 이르기까지 행복한 문화나눔 효과가 확산되면서 포도송이 같은 메갈로 커뮤니티를 형성하기에 이르렀다. 각각의 개체에 대한 독립성과 다양성을 보장하면서 '행복한 문화나눔과 사회공헌'의 원칙이 존재하는 포도송이 같은 메갈로 커뮤니티가 사색의향기라고 할 수 있다.

옹달샘 이론

  '작고 오목한 샘'이라는 뜻을 가진 옹달샘은 누구에게
나 쉼 없이 마실 물을 제공한다. 어떤 경우에는 씻는 행위가 가
능한 공간을 마련해 줌으로써 회복(refreshment) 기회를 부여
한다. 여기에는 너와 나, 지위, 주류/비주류의 구분이 없다. 샘
을 찾아오는 이는 누구나 공평하게 물을 마시고 씻을 수 있다.

  이뿐만 아니다. 옹달샘은 이웃한 모든 생물에게 아무
런 대가 없이 삶의 근원인 물을 나눠 준다. 나아가 주변을 더욱
아름답고 싱싱하게 만드는 푸르름을 제공한다. 우리가 살고 있
는 이 시대에 옹달샘 역할을 하는 곳이 사색의향기이다. 비록
작지만 우리 사회에 필요한 존재로 자리매김하면서 대가를 바
라지 않는 나눔을 지속적으로 실천하는 곳, 바로 행복한 문화
나눔의 장(場) 사색의향기이다.

  인류학자들이 주장하는 것 중 하나가 '마을이론'이다.
사람들은 누구나 각자의 머릿속에 하나의 마을을 가지고 있는

데 여기에 정원이 채워지면, 그 이상 마을 사람을 늘릴 수 없게 된다는 것이다. 이처럼 인간관계를 한정 짓게 만들어 사회를 더욱 삭막하게 만드는 '마을이론'도 옹달샘으로 깨뜨릴 수 있다.

　　사색의향기 존재 이유와 목적을 달성하기 위해서는 우리나라 방방곡곡에 이런 옹달샘을 많이 만들어야 한다. 이런 맥락에서 국내외 지부설립을 적극적으로 추진하게 된 것이기도 하다. 지부장 중심으로 온/오프라인 지역 활동을 통해 행복한 문화나눔 공동체를 구축하는 바탕이 바로 옹달샘인 것이다. 그리고 아무리 큰 강이라도 그 발원은 조그만 옹달샘이다. 사색의향기가 큰 강이 되고 바다가 되기 위한 바탕은 다름 아닌 옹달샘이다.

사색(四色) 이론

　사색의향기의 사색은 '어떤 것에 대하여 깊이 생각하고 이치를 따짐을 뜻하는 사색(思索)'의 의미가 있고, 또한 '4가지 색을 뜻하는 사색(四色)'을 뜻하기도 한다.

　세상에는 많은 색이 있다. 우리는 신체의 감각 기관 중 가장 예민한 눈에는 각각 빨강, 초록, 파랑에 반응하는 세포들이 있고, 모든 색은 이 3가지 빛이 뇌에서 적절하게 조합되어 사람에게 인식된다. 이른바 빛의 3원색인데 이 3가지 빛이 하나로 합쳐지면 하양이 된다. 따라서 빨강, 초록, 파랑, 하양의 '사색'이 모든 색의 근원이 되는 셈이다.

　빨강은 생명을 상징한다. 동아시아의 여러 민족들은 혼례 때 신부의 이마에 빨간 점을 찍는데 두 가문의 피를 합치고 2세를 잘 낳아 종족을 보존하려는 의미이다.

　파랑은 가장 영적인 색이다. 힌두교의 시바, 가톨릭의 성모 마리아, 불교의 부처는 모두 파랑으로 그려진다. 파랑은 하늘의 색이자 바다의 색이기도 하다.

현대인에게 안식을 주는 것은 도심의 초록 식물이다. 마음의 평화와 자연의 에너지를 얻으려 한 인간은 언제 어디서나 초록을 누리고 싶어 하는 데 이런 맥락에서 초록은 안식의 색이라고 할 수 있다.

한편 순수함을 추구하는 사람들은 끊임없이 하양의 순수함과 일체감을 가지려 노력했다. 하양은 일체감을 나타내는 색이다.

상기한 네 가지 색의 의미를 사색의향기의 '四色'과 연계하면 빨강은 건강하고 싱싱한 삶을 의미하고, 파랑은 함께하는 분들 간의 영적인 공감을 의미하며, 초록은 행복을, 하양은 커뮤니티 구성원 모두의 일체감을 뜻하는 것으로 생각할 수 있다. 이것이 바로 사색의향기의 사색(四色) 이론이다.

느슨한 결합 관계 이론
(Loosely Coupled Relationship)

느슨한 결합은 상호작용하는 둘 이상의 조직 간에, 한쪽 혹은 어떤 행위가 다른 쪽에 영향을 덜 미치는(미치지 않은, 느슨한) 상태의 결합을 의미하다. 즉, 느슨한 결합 상태의 관계에서는 서로에게 영향을 미치지 않기 때문에 유연하게 대처하고 수정할 수 있는 가능성을 전제하거나 확보할 수 있다.

원래 느슨한 결합이란 컴퓨터 공학에서 사용되던 개념으로 미시간대학의 조직학자 Karl E. Weick에 의해 유연하게 다른 여지를 수용할 수 있는 관계를 설명하는 사회학 이론으로 자리 잡게 되었다.

이는 어떤 사안에 대해서 매우 구체적이고 정교하게 정의된 프로세스는 또 다른 가능성을 수용할 수 있는 여지가 없으므로 폐쇄적인 속성을 지니지만, 느슨한 관계에서는 수많은 변수를 유연하게 수용하기 때문에 창의적이고 다양성을 추구할 수 있어 사색의향기의 기본 논리로 채택하게 되었으며 사색의향기에 소속되었을 때 감당하여야 할 부담감을 줄여 주는 역할을 한다.

이와 같은 느슨한 결합의 유연성은 '작은 세상 네트워크' 효과와 관계의 불확실성을 증폭하게 된다. 이것은 사용자가 예상치 못했던 의외의 연결이 이루어질 수 있다는 것이며 또한 그 관계가 사용자에게 창의적인 소통의 도구가 될 수 있음을 의미한다.

사색의 향기 문화나눔 세상을 꿈꾸다

Chapter **3**

나눌수록 커지는 행복의 법칙

THE INSTITUTE OF LITERATURE & CULTURE

사색의향기

보편성과 균등의 원칙

　사색의향기가 국내외 지부를 설립하는 과정에서 지부 설립 및 운영에 관한 사항을 설명하고 해당 매뉴얼을 전달하면서 가장 많이 강조한 것은 '보편성과 균등의 원칙'이었다. 보편성과 균등이 원칙이야말로 사색의향기를 지탱하고 있는 양(兩)축이라고 할 수 있다.

　사색의향기 문화나눔 공동체 운영에 있어서 보편성은 서로 다른 삶의 방식과 사고방식을 이해하는데 있어서 기초가 되는, 우리의 정체성이자 지켜야 할 가치이다. 또한, 비영리 단체의 생존 에너지인 회비에 적용하는 납부 균등의 원칙은 아무리 강조해도 지나치지 않는다.

　존 롤즈의 '정의론'에 따르면 본원적 입장에서 도출된 원칙들은 보편성을 갖는다. 왜냐하면, 그 원칙들의 적용은 보편적(universal)이어야 하기 때문이며 따라서 이러한 원칙들은 자기 모순적이거나 자기 파괴적인 원리일 수가 없기 때문이다.

원칙들은 모든 사람에게 그들이 도덕적인 존재라는 이유로 적용되어야 한다. 나아가서 모든 사람이 그 원칙에 따라 행동하게 될 것이므로 자기 모순적이거나 자기 파괴적인 원칙들은 제외된다. 마찬가지로 다른 사람들이 다른 원칙을 준수할 경우에만 합당하게 따를 수 있는 그런 원칙 또한 용납될 수가 없다.

균등의 법칙의 경우, 예컨대 지부장이 경제적으로 여유가 있어 지부 운영에 필요한 모든 비용을 지원할 수 있는 능력을 보유했다고 하더라도 지부 회원의 회비를 대신 납부하거나 혹은 회원들의 회비를 면제시키는 방식으로 지부를 운영해서는 안 된다는 것이다. 이처럼 균등의 원칙을 적용하는 이유는, 비영리 단체의 경우 특정인의 희생 내지 전적인 부담으로 단체가 운영될 경우 공공성이 없어지고 단체의 정체성을 위협하는 상황들이 발생할 개연성이 높아지며, 이러한 이유로 사회운동의 연속성을 지속적으로 확보할 수 없기 때문이다. 또 다른 이유는 특정인이 소유하고 특정인만 즐기는 문화는 선진적인 문화나눔 공동체를 만들 수 없기 때문이다.

같은 맥락으로 회원들을 대상으로 개인적인 혜택을 부여하고자 할 때도 비용의 크기와 관계없이 균등의 원칙을 적용하여 비용을 분담해야 한다. 그리고 이와 같은 원칙을 꾸준히 지켜나가는 것이 순수한 민간 운동의 씨앗이다.

부언하면 특정인의 희생과 부담을 바탕으로 만들어진 성과보다 회원 모두가 참여하고 교감하고 나눔을 통해 만드는 성과가 더 의미 있고 보다 큰 가치가 있다고 생각하기 때문에 보편성과 균등의 원칙을 사색의향기의 모토로 하였고, 이를 모두가 지키고 유지해 나가고 있는 것이다.

하나의 예외는 사색의향기와 함께하고 싶지만, 주머니 사정으로 함께 할 수 없는 때도 있는데 이때는 사색의향기 문화나눔을 통한 사회공헌 활동의 혜택을 받으면 될 것이다. 즉, 이 경우의 예외 인정은 보편성과 균등의 법칙을 한 걸음 더 나아가 해석하는 것으로 이해하면 된다.

지속 가능한 운영 및 전략

　　기업의 경영 활동에 환경과 사회적인 이슈가 부각되고 기존의 경영방식 전반을 다시 검토하는 과정에서 지속가능 경영 개념이 등장했다. 환경이나 사회적인 측면을 간과한다면 과연 기업이 지속적으로 성과를 창출할 수 있는가에 대한 깊이 있는 성찰에 근거하여 지속가능 경영은 기업의 글로벌 화두로 대두되었다.

　　이에 따라 기업은 기업의 경제적인 성과 창출뿐만 아니라 사회적인 측면에서 투명한 경영을 바탕으로 환경 자원을 보존하고, 인류의 보편적인 가치를 추구하는 사회적 책임까지 수행하는 지속 가능한 전략을 수립하여 이를 활발하게 수행하고 있다.

　　비록 사색의향기는 기업은 아니지만, 행복한 문화나눔을 통해서 건강한 사회를 만들어 가는 비영리사업을 잘 수행하기 위해서는 기업적 마인드로 접근할 필요가 있다. 또한, 사색의향기가 우리나라 민간 운동 생태계에서 살아남아 장수하는 단체가 되기 위해서도 지속 가능한 운영 및 이를 뒷받침할 수 있는 전략을 수립하고 잘 실천하여야 할 것이다.

그리고 사색의향기는 기존에 나름대로 잘 수행하고 있는 건강한 사회를 만들어 가는 사회적 책임 수행 활동 부분을 잘 유지해야 하는 동시에 비영리 단체의 테두리 안에서 할 수 있는 사회공헌과 경제적 가치 창출 부분에 대한 활동을 보다 강화하여야 한다. 이처럼 민간 차원에서 이루어지는 사회운동은 기업과는 달리 거래와 교류가 아닌 교감과 공감을 얻어내야 하는 과제를 수행할 때 효과적으로 추진할 수 있다.

이를 해내지 못한다면 사색의향기가 수행하는 문화나눔은 지속 가능한 운동으로 뿌리를 내리지 못할 것이다. 따라서 사색의향기는 세대 통합과 세대 공감을 적극적으로 실천하여 궁극적으로 우리 사회를 행복하게 만들어 가는 지속 가능한 문화나눔 운동을 활발하게 펼쳐 나갈 것이다. 이를 위해 경험과 역량을 갖춘 시니어를 적극적으로 활용하여 현장에서 그 역할을 잘 수행할 수 있는 조직으로 거듭나고자 최선을 다할 것이다. 여기엔 여러 방안이 있지만 그중 하나가 '지부 활성화'라고 할 수 있다.

지부는 제2의 가족이 되는 밥상 공동체의 역할을 하는 가운데 그에 대한 정체성을 유지 발전시키는 방향으로 운영되어야 한다. 즉, 행복한 문화나눔의 정체성과 사색의향기가 보유하고 있는 17년간의 문화나눔 경험과 역량을 지부에 접목하여 지역을 거점으로 문화나눔 운동을 펼쳐 나가고자 한다. 지금까지 평범하지만 진득하게 문화나눔 활동을 펼치면서 만들어진 사색의향기 공유가치를 바탕으로 지부별 특성이 가미된 문화나눔 운동을 전개해 나간다면 이것이 바로 지속 가능한 운영 및 이를 실천할 수 있는 전략이 될 것이다.

사단법인 설립

    2004년 5월 출범 이후 지금까지 비영리 민간단체로 운영하였던 '사색의향기문화원'은 시종일관 정체성을 유지하는 가운데 정부의 어느 부처에도 속하지 않은 복합적 기능을 가진 목적사업을 수행하면서 궁극적으로는 우리 사회를 건강하고 행복하게 하는 데 이바지하기 위해서 적극적인 노력을 기울여 왔다.

    이에 따라 행복한 문화나눔에 바탕한 사회공헌 활동의 전문성을 보다 강화하고 정부 정책에 맞게 최적화해야 하는 시대적 요구에 부응하고 아울러 국내 기초단체별로 지부 운영을 하기 위한 기반 마련, 대외 신뢰도 제고 및 인문정신문화 사업 부문에 집중하고자 사단법인 설립을 추진하기에 이르렀다.

    사단법인 설립은 특히 지부 활동을 좀 더 활성화하고 인문정신문화 사업을 보다 구체적으로 추진하기 위한 법적인 기반을 마련한다는 측면에서 더욱 큰 의의가 있다고 할 수 있다. 또한 사색의향기 Ver_2.0 시대의 목표이기도 한 행복 문화 나눔 운동의 국제화 전략을 성공적으로 달성하기 위해서도 반드시 필요한 사항이다. 한편으로는 다른 봉사 단체와는 차별화하고 있는 사색의향기 문화나눔 사업에 대한 사회적 인식의 저변 확대를 위한 전략이기도 하다.

앞으로 사단법인 사색의향기는 일방적인 경제적 혜택이 아닌 공유, 교감, 사회적 경제에 기반한 행복 문화나눔 운동을 지속적으로 추진하면서 궁극적으로는 행복한 사회를 구현하기 위한 민간 차원의 역할을 선도적으로 수행해나갈 것이다.

그동안 사색의향기가 별 것 아닌 것도 공유가치로 승화시켜 만들어 냈던 것처럼 사단법인 사색의향기도 일상생활 속에서 인문정신문화를 기반으로 지역 공동체를 만들고 이를 바탕으로 건강하고 행복한 공동체 정신을 공유하는 사회운동을 지속적으로 수행해나갈 것이다.

지정기부금 단체 지정

사색의향기는 2017년 3월 31일자로 기획재정부 공고 제2017-62호 「법인세법시행령」 제36조 제1항 제1호 사목에 따라 기획재정부장관이 지정하는 지정기부금 단체로 지정되었음을 통보받았다.

지정기부금 단체를 잠깐 소개하면 다음과 같다.

기부금은 기부처에 따라 법정, 지정기부금으로 분류된다. 여기에 해당하지 않을 경우, 비지정기부금으로 분류가 되어 세제상 혜택을 받지 못한다.

법에 명확히 규정된 법정 기부금과는 달리 지정기부금은 특정 단체가 지정기부금에 해당하는지가 불분명할 때가 있다. 이러한 문제점을 해결하고자 기획재정부에서는 일정한 요건을 갖춘 단체를 일정한 절차에 따라 지정기부금 단체로 지정하고 이를 통하여 기부자가 세법상 혜택을 받는 데 대해 세법상 해석의 모호함이 없도록 하고 있다.

즉, 사색의향기의 지정기부금 단체 지정은 공익성을 기준으로 판단할 때 사색의향기가 기부, 후원, 회비에 대한 세금 혜택을 주는 세법상의 제도에 합당하다고 승인을 받은 것을 의미한다. 따라서 사색의향기에 기부금 혹은 회비 등의 금원을 납부할 경우 법이 정한 한도에서 개인인 경우 통상적으로 15%, 법인의 경우에는 5% 내에서 세액공제가 가능해졌다.

지정기부금 단체 지정은 회원들에게 합법적으로 혜택을 부여할 수 있게 된 것으로 그 의미가 자못 크다고 하겠다.

사색의 향기 문화나눔 세상을 꿈꾸다

조직운동과 교육운동

　　사색의향기가 펼치는 문화나눔 운동에 대해 혼자면 되지 왜 조직 운동이냐고 궁금해할 수 있다. 그 답은 바로 우리 사회가 행복하기 위해서라고 말할 수 있다.

　　'고장난명(孤掌難鳴)'이라는 말이 있다. 손바닥 한 쪽으로는 소리를 낼 수 없다는 뜻이다. 즉, 아무리 훌륭하고 좋은 일도 혼자서는 해낼 수 없다는 의미다. 이를 해결하기 위해서는 조직운동이 필요하며 조직운동은 곧 교육운동이라고 말할 수 있다.

　　최근까지 전국적으로 많은 지부가 결성되었다. 그러나 지부가 아무리 많이 만들어져도 지향하는 사상, 문화 및 가치가 어우러지지 않으면 사상누각에 불과하다. 새로운 정보, 학습 및 대화의 피드백을 통해 깨달음을 얻게 하고, 이를 기초로 집단지성이 형성되고 이것이 궁극적으로 개인과 사회를 발전시키게 될 때 비로소 그 운동이 성공하는 것이며, 100년 이상 지속되는 운동으로 발전하게 되는 것이다.

아는 바와 같이 오늘의 시대는 지도자의 통찰력과 일반 대중의 열망이 결합되면 거대한 스마트혁명의 소용돌이가 일어나 사회를 변화시킨다. 얼마 전까지는 권력과 금력으로 세상을 바꿀 수 있었지만 이제는 사상과 문화로 세상을 바꿀 수 있는 시대가 되었기 때문이다.

사색의향기는 문화부족(文化部族) 공동체, 초록 문명과 마을, 도농 상생과 농촌 르네상스, 슬로우 라이프와 풍류 경제 등 가슴을 두근거리고 설레게 만드는 낱말들을 축적해 왔다. 이 새로운 문명의 화두를 가슴에 안고 일반 대중과 함께 조직 운동과 교육운동을 실천하면서 우리가 사는 세상을 착하고 행복하게 변화시켜 갈 것이다. 착하고 향기 나는 콘텐츠와 문화나눔 교육으로 사람과 사색의 향기가 물씬 풍기는 문화부족사회(文化部族社會)를 만들어 갈 것이다.

지부를 통한 고품격 문화나눔 실천

후원자와 문화 공급자 그리고 수요자의 삼각관계가 저품격 공짜문화를 만들어 낸 많은 사례를 우리는 무수히 목격하고 있다.

이는 여가문화 활성화라는 명분하에 정부 및 대기업이 상당 부분 조장한 측면이 있었던 것이 사실이며, 한편으로는 문화 품격이 낮은 우리 사회의 탓도 일부 있었을 것이다. 하지만 이제는 문화 수익자가 직접 비용을 부담하는 수익자 부담 원칙하의 문화나눔이 필요한 시점이 되었다. 그렇게 해야만 우리나라, 우리 사회의 문화 예술인들의 입지가 만들어지고 그것을 통하여 그들이 최고의 품격문화를 만들어 내기 위해 노력하게 됨으로써 고품격의 문화 선진국이 되는 것이다.

사색의향기의 국내외 지부가 바로 그와 같은 역할을 담당할 것이다.

따라서 지역의 착한 문화인들이 서로 단합하면서 친목

을 도모하고 해당 지역의 멘토를 모시는 가운데 지식과 문화를 나누는 월례회 활동을 적극적으로 펼쳐 나가는 과정을 통하여 고품격 문화나눔 단체로 성장 발전해 나가는 것이다. 특히 이종과 다중이해관계자가 협력하면서 창출하는 융합의 공유가치는 사색의향기 고품격 문화나눔의 기반을 튼튼하게 다질 것이다.

경남 거창지부

사색의 향기 문화나눔 세상을 꿈꾸다

지부설립 및 운영

　　사색의향기는 173만 회원이 함께하는 '행복한 문화나눔 커뮤니티'이다. 더욱 중요한 것은 정기, 비정기 행사를 통하여 연간 3만 명 이상이 오프라인에서 행복한 문화나눔 사업에 동참하고 있다는 사실이다. 이는 행복한 문화사업의 방향성과 정체성이 지난 17년간의 운영을 통해 수정되고 보완되어 사색의향기만의 색깔과 향기가 만들어 낸 결과물이라고 판단하고 있다.

　　이제 이를 시민운동으로 격상시켜야 할 시기가 되었다고 판단하고, 그 토대와 역량을 강화하기 위하여 국내외 기초지방자치단체별로 지부를 설립하고 해외는 도시별로 지부를 설립하여 운영하게 된 것이다.

　　지부는 정기적인 월례회를 통하여 회원과 지역의 행복문화를 추구하는 실천 운동을 통하여 사회에 기여하는 동시에 전국적인 채널, 지부 간의 협력을 바탕으로 사회적 성격의 수익사업을 추진함으로써 사회공헌 기반을 더욱 확고히 하는 데 그 목적이 있다.

대구 달서지부

충남 천안지부

사색의 향기 문화나눔 세상을 꿈꾸다

'사색의향기 행복바이러스'는 지부가 있는 지역 곳곳에 널리 퍼져 지역과 회원들의 행복에너지를 충전시켜 드릴 것이다.

지부가 설립되고 운영되면

1) 사색의향기의 온라인 영향력을 활용하여 지역 문화의 영향력이 증대되고

2) 본부 및 다른 지부와의 협력을 통하여 지역 경제 활성화에 기여하며

3) 지역 내 행복한 문화나눔을 통하여 사회공헌을 실천할 수 있다.

지부의 역할을 살펴보면

1) 지부는 당해 지역에서 매월 전 회원이 참여하는 행복한 월례회를 통하여 행복한 문화나눔을 실천한다. 월례회는 지역 내 문화인 및 저명인을 초대, 다양한 강연회 개최를 통해 문화 교류 및 인문학적 소양을 넓히는 장이 되게 할 것이다.

2) 본부와 지부, 지부와 지부(예 : 농어촌지역 지부와 도시 지역 지부) 간 경제 교류 및 공정거래를 통하여 지역 경제 활성화에 기여한다.

3) 지역을 대표하여 사색의향기 행사에 참여하여 지역

을 홍보한다.

　　4) 규정에 정해진 바에 따라 총회에 참석(대의원)하여 의결권을 행사한다.

　　5) 자발적인 참여를 통한 회비로 운영되며 그중 5% 이상의 사회공헌 적립금으로 사회공헌을 실천한다.

　　상기한 바를 토대로 지부설립을 시작하여 국내외적으로 238개의 지부가 만들어졌으며 현재도 지부설립을 지속적으로 추진하고 있다.

사색의 향기 문화나눔 세상을 꿈꾸다

광역지부협의회 구성과 역할

　　사색의향기 국내 지부는 광역시도별로 지부장과 지부 사무국장들로 구성된 협의체를 운영하고 있는데 이를 '광역지부협의회'로 명명하고 있다. 지부가 지부장 중심으로 운영되는 데 비해 '광역지부협의회'는 당해 지역의 지부장과 지부 사무국장이 중심이 되어 상호 협의하고 친목을 다지는 협의체로서 지부가 단독으로 할 수 없는 사항들까지도 수행할 수 있다. 또한, 당해 지역에 거주하거나 연고를 가지고 있는 자문/운영위원들도 '광역지부협의회'의 초대를 통해 자유롭게 참여할 수 있다. 이와 같은 역할을 하는 '광역지부협의회'는 해당 지역의 행복한 문화나눔 확대에 크게 기여할 것이며, 나아가서는 광역화 사업을 추진하는 지역 허브의 기능 또한 담당할 것으로 믿고 있다. '광역지부협의회'는 해당 지역의 특성을 잘 살릴 수 있는 적정사업을 준비하고 있다.

　　음식을 나누는 사회적 기업, 북카페협동조합, 재능기

부협동조합, 마을기업 설립 등을 그 예로 들 수 있는데 현재 활발하게 추진되고 있다.

'광역지부협의회'를 다시 한번 정의하면, 해당 지역의 대의원 협의체라고 할 수 있다. 따라서 협의 안건과 회의를 개최해야 할 목적 사항이 있으면 언제든지 사단법인 사색의향기 지부운영위원회와 협의할 수 있다. 한편 '광역지부협의회' 임원의 구성은 회장과 간사를 두며, 회장은 협의회를 대표하고 당연직으로 협의회 의장이 되며, 간사는 협의회의 사무를 맡게된다. 물론 회장과 간사는 당해 지역의 지부장 중에서 선출되거나 임명된다.

참고로 해외 지부의 경우는 6개 이상의 지부가 모여 협의체를 구성하며, 그 운영은 지부설립 및 운영 매뉴얼을 참조하면 된다.

경기 파주지부

대의원총회와 지부장대회 참석 의미

      사색의향기 대의원총회는 자발적인 참여를 통하여 권리와 의무가 생성되고 또한 그것을 체감하고 확인하는 자리이다. 특히 사색의향기의 존재 이유이자 목적이기도 한 행복한 문화나눔 커뮤니티를 구현하기 위한 가장 중요한 행사라고 할 수 있다. 또한, 대의원총회는 참여자 모두가 대한민국 최고의 휴먼 네트워크를 공유하는 동시에 착한 문화나눔의 주인공이라는 자부심을 느낄 수 있는 행사이기도 하다. 한편으로는 대의원총회 참석은 사색의향기 구성원의 의무 중 가장 중요한 것이며 이를 통하여 회원(대의원) 간 소통과 공감을 증진할 소중한 기회를 얻는 것이다.

      우리가 일평생 살아가면서 수없이 많은 인연을 만나지만 이처럼 사색의향기라는 공통의 장에 함께 하는 인연은 흔하거나 사소하지 않다. 사색의향기 대의원은 학연, 혈연, 지연보다 더 가치가 있는 자발적 구성원이며 그 인연으로 인생 후반기까지 동반자가 되는 것이다.

사색의향기 구성원은 참여라는 의무를 통해 자긍심을 가지게 되고 가치 있는 일을 함께하는 착한 단체에 대한 소속감이 행복을 만들어 낸다. 다르게 표현하면 대의원총회의 불참은 스스로 행복해질 기회를 포기하는 것이라고 말할 수 있다.

제20차 대의원 총회(2019)

대회 참가는 238개 지부가 엮어내는 문화나눔 네트워크의 일원이 되는 소중한 기회를 적극적으로 활용하여 만남으로 인해 빚어지는 가슴 떨리는 행복을 맛보는 시간이 될 것이다.

운영 재원

　　사색의향기는 출범 시 최소 비용으로 운영하는 구조로 설계하였다. 따라서 처음에는 1만 명 정도 규모를 예상했기에 재원을 걱정하지 않았다. 하지만 회원이 늘고 여러 가지 사업을 확대하면서 비용이 늘어났고, 보다 책임감 있는 사업 운영이 온라인 기반이 없이는 어렵게 되어 불가피하게 투자가 증가할 수밖에 없게 되었는데 여기에 소요되는 재원을 창립부터 창립 10년 차까지는 특정인이 부담해 왔다. 그러나 그 이후 다수가 참여하는 방안을 강구하는 방법으로 공익화의 길을 걷게 되었다.

　　공익화에 대해 설명하면, 설립 시에는 특정인이 부담할 수밖에 없었지만 10년 차 이후에는 다수의 정회원들이 부담하는 선순환 구조의 비영리 단체로 거듭나면서 공익화 구조로 전환되었다는 의미이다. 아울러 현재도 최소의 비용으로 최대의 온라인 회원(현재는 173만명)이 향기메일을 선물 받을 수 있도록 최선을 다하고 있으며, 그 결과 창립 이래 지금까지 총 4,110회 이상의 향기메일을 발송하는 성과를 거두었다.

사색의향기 운영 재원은 회원의 회비이다. 대의원 회비와 후원기관의 후원금으로 연간 4억 원에 달하는 경상비를 부담하고 있다.

사색의향기에서 추진하는 목적사업은 참여하는 회원의 회비로 운영된다. 한편으로는 사색의향기의 새로운 10년을 준비하면서 수익사업 운영을 통하여 비영리 단체의 재무구조가 선순환구조가 될 수 있도록 최선을 다하고 있다.

여전히 미흡하지만, 사색의향기 운영 및 사회공헌의 안정적인 재원 마련을 위하여 지금까지의 회원기반을 활용하여 수익을 증대하고 이를 통한 사회공헌의 선순환 구조를 만들어 회원들의 관심과 성원에 지속적으로 보답할 것이다.

비영리 단체의 회비

    어떤 단체든지 단체의 목적을 위해 지속적으로 활동하기 위해서는 회비 납부에 따른 재원 마련이 필수적이다. 사색의향기도 마찬가지로 대의원들이 납부하는 회비가 운영을 위한 가장 근본적인 수입으로서 그동안 사색의향기 문화나눔 및 사회공헌을 위한 활동에 원동력이 되어왔던 것이 사실이다.

    따라서 회비를 납부한다는 것은 사색의향기의 주인이라는 사실을 확인하는 것이며 자발적 참여의 상징인 동시에 회비 납부 의무를 통하여 권리를 획득하는 행위이기도 하다. 아는 바와 같이 국가가 비영리 단체의 회비에 과세하지 않는 가장 중요한 이유는 비영리 단체의 민간 활동이 국가가 미처 할 수 없는 영역에서 자발적으로 사회를 위한 역할을 대신 수행하기 때문이다.

    사색의향기는 지속적인 문화나눔 활동을 통해 행복한 문화나눔 공동체를 만들어 가고 있다. 이것은 앞서 말씀드린

국가가 미처 할 수 없는 영역에 속하는 일이다.

　　사색의향기는 우리나라뿐만 아니라 전 세계에서 유일한 키워드인 '문화나눔' 운동을 하는 공동체이다. 사색의향기는 자발적이고 강요되거나 통제된 적이 없는 인간관계 속에서 행복한 문화나눔이라는 사회공헌활동을 통하여 행복한 문화공동체를 지속적으로 만들어 가면서 우리 사회를 행복하게 할 것이다. 이러한 노력이 제대로 열매 맺기 위해서는 특정인의 희생이 아닌 모두가 참여와 분담을 의미하는 회비를 성실히 납부하는 것이다. 이는 가장 품격 있는 사회공헌 기부문화를 실천하는 지름길이라고 감히 말할 수 있다.

행복한 댓글 달기

    사색의향기 커뮤니티는 우리나라에서는 처음으로 시도된 실명을 사용하는 소통의 공간이다. 대부분의 커뮤니티는 무책임을 보장해 주는 닉네임이라는 은폐수단을 활용한 고의적이고 악의적인 댓글, 즉 악플이 난무하여 사회문제로까지 부각되고 있다.

    사색의향기의 대부분 회원은 게시판에 실명으로 댓글을 쓰는 것에 익숙하지 않은 분들이다. 한편으로는 향기메일을 발송하면 일일이 회답조차 드릴 수 없을 정도로 많은 답 메일을 보내주고 있다. 이러한 관심으로 만들어지는 동력을 바탕으로 커뮤니티를 활성화하기 위해서는 무엇보다도 댓글이 풍성해야 한다.

    사색의향기 접속자 모두에게 '하루 한 번(1일 1회) 댓글 달기'를 제안한다.

    댓글은 글을 쓴 사람을 포함해서 커뮤니티 참가자 모두

와의 커뮤니케이션을 위한 가장 기본적인 훈련인 동시에 행복한 문화나눔 운동의 시발점이기도 하다.

보다 구체적이며 상대방에 대한 배려와 존중에 기인한 질책과 칭찬의 댓글은 커뮤니티를 행복하게 할 것이다. 사색의 향기는 댓글을 달면 그 실적에 따라 컬피 포인트로 바꿔 제공하는 혜택을 부여하고 있으며 특히 지속적으로 진정성 있는 댓글을 다는 회원들에게는 월별 '사색의향기인(人)'으로 선정하여 인증서도 수여하고 향후 사색의향기 명예의 전당에 봉헌할 수 있는 기회를 제공하고 있다.

진정성에 바탕을 둔 행복하고 따뜻한 댓글이야말로 행복한 문화나눔의 시작이다.

회원증 패용의 의미

　사색의향기 행복한 문화나눔 사업 중 하나가 '의지(依支)관계 나눔'이다.

　우리가 평온한 삶을 살아갈 때는 생활하는 가운데 맺어진 가정, 직장, 사회단체 등과의 다양한 관계가 주는 소중함을 모른 채 살아가는 경우가 대부분이다. 하지만 '의지 관계'가 중요하다는 것을 인지하는 순간은 우리가 너무 많은 것을 잃고 난 이후라는 걸 깨닫게 한다.

　우리가 자라 오는 과정에서 의지의 대상이었던 부모님께서 늙고 병들어 세상을 뜨시면 그때의 '의지 관계' 상실감은 말할 수 없을 만큼 크다. 그래서 100세 시대를 살고 있는 우리들은 그 이후의 삶에서 의지할 대상을 적극적으로 찾는 노력이 필요하다. 바로 그 대안의 역할을 사색의향기가 훌륭하게 해낼 수 있다.

　오랫동안 다녔던 직장과의 관계도 단지 나이 먹었다는

이유로 상실하게 되고 혈연관계 또한 지속적으로 온전할 수 없는 것이 요즈음의 추세이다. 이런 때 사색의향기는 제2의 가족이 되는 동시에 의지할 수 있는 대상이 될 수 있다. 이러한 의미에서 사색의향기 회원증은 단순한 신분 확인 기능 외에도 새로운 가족임을 증명해 주는 가족관계증명서와 같은 역할을 하고 있다.

사색의향기는 회원들과 더불어 함께하는 공동체이며 새로운 '의지 관계'를 제공해 주는 울타리의 역할을 적극적으로 수행하고 있다. 회원증은 행사 참여 시 등록을 신속하게 해 주는 동시에 회원의 자긍심을 나타내 줄 수 있는 'Name tag' 역할을 하게 된다. 또한 다른 기관과 협력하여 회원 여러분에게 무언가 혜택을 제공하고자 할 때도 유용하게 사용할 수 있다.

최근 사색의향기 지부가 활성화되면서 나름의 사업을 운영하는 여러 지부장이 회원들에게 특별한 혜택을 주고 싶어 할 때도 사색의향기 회원임을 증명하는 회원증 활용은 반드시 필요한 일이다. 회원증은 모든 행사(2인 이상 회원 모임)에 필히 패용해야 한다는 원칙을 이사회에서 규정으로 정한 바 있다. 따라서 사색의향기 산하에서 실시된 행사 때 촬영된 단체 사진은 회원들의 회원증 패용 여부를 확인할 수 있는 좋은 증거이기도 하다.

매년 두 차례 개최되는 대의원총회 및 전국지부장대

회는 참여한 회원 모두가 회원증을 패용한 가운데 진행되고 있
다. 대회 기간을 통하여 회원 서로 간에 사색의향기의 소중한
가족임을 느끼고 아울러 사색의향기와의 '의지 관계'를 확인하
는 뜻깊은 시간으로 자리매김하고 있다.

여행 원칙

　　사색의향기 여행은 새로운 환경과의 호기심 가득한 만남을 통하여 가슴속 깊은 곳에 자리한 새로운 것에 대한 욕구를 끌어내는 동시에 알게 모르게 쌓아둔 불행창고를 비우게 하는 유익한 동호회 활동이다. 사색의향기는 공정여행을 추구하며 다음과 같은 원칙을 지켜나가고 있다.

　　1) 여행지에서 만난 사람과 그 문화를 존중하고 결코 비판하지 않는다.
　　2) 공정여행을 한다. 예를 들면 현지에서 구매를 하고 쓰레기는 가져온다.
　　3) 계획된 여행 일정에 충실한다.
　　4) 여행 중 추가 비용, 옵션, 구매, 본인 의지와 관계없이 돈을 걷는 일은 결코 하지 않는다.
　　5) 사색의향기 행복한 문화나눔의 공동체의 목적과 정

체성을 설명하고 이를 실천하기 위해 노력한다.

　6) 운영위원 및 참여 임원이 회원들을 위해 진심으로 나눔을 실천한다.

　7) 여행은 행복한 문화나눔 공동체 구축의 일환으로 이를 실천하는 데 장애가 될 수 있는 불편 사항을 확인한다.

　8) 여행 목적에 대해 명확하게 공유하고 이를 확인한다.

　9) 여행을 통하여 만들어진 좋은 관계, 추억, 사진을 공유하여 행복한 문화나눔 가치를 만든다.

여행동호회(2005)

많은 이들이 여행은 버리러 가는 것이라고 말한다. 무엇을 버리러 가는 것인가? 그것은 바로 알게 모르게 쌓아둔 분노,

서운함, 상처로 만들어진 불행창고를 비우는 것이다.

사색의향기 여행은 특히 가족이 함께할 수 있는 행복한 여행 문화를 추구한다. 여행 참가자 명단과 함께 공개되는 여행원칙이 그래서 더욱 중요하다.

106회 테마여행-순천만(2019)

사색의 향기 문화나눔 세상을 꿈꾸다

인생향기 콘서트

　사색의향기는 '돈 냄새, 권력 냄새, 지식자랑 냄새가 나는 게 아니라 삶의 향기를 추구하며 그러한 향기와 문화를 나누는 단체'라고 정체성에서 분명히 밝히고 있다. 즉, 사색의 향기는 삶의 향기를 만들고 이를 어떻게 전파할 것인지가 가치 기준이다. 따라서 삶의 향기를 만들고 전파하는 분들이 가장 대접받는 단체가 되는 것은 지극히 당연하다 할 것이다.

　사색의향기 지부 운영 규정에 따르면 "지부는 해당 지역에서 매월 전 회원이 참여하는 행복한 강연회(월례회) 등 정기적인 만남을 통하여 행복한 문화나눔 동호회 활동을 실천한다."라고 명시되어 있다. 행복한 강연회는 의무적으로 열리기보다는 해당 지부의 축제처럼 열려야 한다. 바로 이 축제를 '인생향기 콘서트' 형태로 개최하는 것이다.

　'인생향기 콘서트'는 회원들 각자가 그동안 살아왔고, 현재도 살고 있고 그리고 앞으로 어떻게 살아갈 것인가를 회원 서로 간에 나누고 공감하는 자리이다.

'인생향기 콘서트'를 진행하는 가운데 현재 하고 있는 일과 앞으로 하고 싶은 일(콘텐츠나 프로젝트)을 회원들과 공유하다 보면, 이를 매개로 해서 자연 발생적으로 회원들 간의 품앗이와 협업이 이루어질 것이다. 때로는 다양한 핵심역량을 필요로 하는 프로젝트를 위해 컨소시엄 형태로 공동 사업을 할 수 있는 기회가 만들어질 수도 있다.

이러한 사업적인 측면 외에도 '인생향기 콘서트'를 통해 발표자는 가슴속 불행의 창고를 비우고, 이를 듣는 분들은 타인의 인생에서 풍겨오는 향기를 통해 힐링의 기회를 제공받을 수 있게 된다. 이러한 것이야말로 회원 서로 간의 존중과 배려를 통해 이타심을 키우게 하고 나아가서 사색의향기가 추구하는 행복한 사회를 만들게 하는 원동력이 될 것이다.

'인생향기 콘서트'는 특정한 방식이나 틀은 없다. 어떠한 형태든 회원들 각자가 창의성을 최대한 발휘하여 원하는 형태로 준비하면 된다. 이를 통해 자신의 진짜 모습을 보여주게 되므로 서로 간 이해의 폭과 공감대가 더욱 커지리라 생각한다. 우리 대부분은 생얼을 보여주는 데 익숙하지 않다. 평생을 함께하는 동반자에게조차 모든 것을 보여주기 쉽지 않다. 바로 여기에 '인생향기 콘서트'를 개최하는 의미가 있는 것이다.

'인생향기 콘서트'가 지속되는 가운데 회원들 간에는 강한 신뢰와 결속력이 생겨나고 이는 지부 활성화의 든든한 버팀목이 되어 줄 것이다. 상생하는 가운데 서로 베풀고 이를 통해 문화 그 이상의 가치를 나누는 진정한 의미의 공동체가 만들어질 것으로 확신하고 있다.

향기인상(賞)

세상에는 다양하고 많은 종류의 포상제도가 있다.

대부분의 상은 주최자가 기준을 정하여 수상자의 사회적 역할 및 기여 부분에 대해 보상을 하고 때로는 격려와 응원의 의미를 부여하기도 한다. 사색의향기는 행복한 문화나눔 활동을 통하여 우리 사회에 향기 나는 가치를 만들어 준 분들을 선정하여 포상하는 '향기인상' 제도를 만들어 시행하고 있다.

'향기인상'은 권력과 금력이 아닌 사회적인 착한 영향력으로 우리 사회를 행복하게 하는데 기여한 분들을 회원님들이 직접 추천하고 선정하는 상으로 선정 과정을 통하여 사색의 향기가 추구하는 가치를 재조명하고 있다. '향기인상'은 정기적으로 회원님들의 추천/투표/동의를 얻어 수상자를 선정하고 해당 과정을 통하여 수상자의 활동 및 기여 부분을 회원 모두가 공유한다.

수상자로 선정되면 '향기인상' 상패와 부상(30만원 상금과 기념품) 외에 회원들이 기부한 물품을 추가로 받게 되는데 이러한 과정을 회원 모두가 공유함으로써 상의 의미를 다시한 번 새기는 동시에 사색의향기 가치를 증진시키는 계기를 만들고 있다. 또한, 본상의 수상자는 사색의향기 명예의 전당에 봉헌되며, 수상 사례들이 모여지면 사례들을 책으로 펴내 사색의향기 회원뿐만 아니라 일반 대중들과 이를 공유할 것이다.

'향기인상' 수상자의 구체적인 사례

1) 문화나눔을 계속적이고 정례적으로 실천한 사람
2) 친목과 협력을 통하여 공익적 사회관계 증진에 기여한 사람
3) 공유경제(사회적 경제) 활동으로 사회 발전에 기여한 사람
4) 사색의향기 지부, 동호회, 산하기관 활성화에 기여한 사람
5) 지속적인 지역 봉사로 주변의 인정과 칭송을 받은 사람
6) 사색의향기 발전에 직간접으로 기여한 사람
7) 기타 우리 사회 발전에 직간접적으로 공헌한 사람

향기 기자의 사명과 역할

　　향기 기자는 사단법인 사색의향기 회원들의 자발적 참여를 전제로 '시민기자와 객원기자의 중간 개념' 형태를 띠는 전임기자로 사색의향기 곳곳의 행복한 소식을 전달하고 전파하는 차별화된 개념의 기자이다. 따라서 향기 기자의 가장 우선적인 역할은 지역의 행복한 문화나눔 뉴스를 적극적으로 발굴, 취재하고 이를 널리 알리는 것이다.

　　전국 각지에서 창작 활동을 하는 유명 문화 예술인은 물론, 그 지역의 실력 있는 숨은 예술인을 발굴하고 작가 탐방을 통해서 작가의 진솔한 이야기를 귀담아듣는다. 또한, 그러한 과정을 담은 사진, 영상 및 탐방 후기 등의 다양한 콘텐츠를 온라인상에 게재하여 회원들과 공유함으로써 그들의 삶과 작품 세계를 재조명할 수 있다.

　　이는 작가와 그가 사는 지역의 문화가치를 높이는 값진 사회공헌 활동으로 우리 법인이 추구하는 가치와도 그 맥을 같이 하다. 이처럼 지역의 문화가치를 높임과 동시에 새로운 언론 문화를 선도할 사명을 가진 우리 향기 기자는 소정의 교육을 통하여 역량을 강화하고 각각의 지역에서 시민 저널리즘을 통한 정론을 펼치며 나아가서는 건강하고 행복한 문화나눔을 선도하는 착한 미디어 서비스의 주인공으로서 맡은 바 역할을 다할 것이다.

향기 기자는 생활 속 뉴스를 적극적으로 발굴하고 생활 공간에 대한 밀착 취재를 통하여 시민과 친근하게 보다 더 가까워지는 시민기자로서의 역할을 수행하면서 건강하고 행복한 뉴스를 지속적으로 공급할 것이다.

주지하는 바와 같이 블로그, 팟캐스트, 유튜브, SNS 등 미디어의 발달은 표현 욕구를 증진시킴과 동시에 시민기자의 착한 영향력을 증진시킬 수 있다. 그러나 이 못지않게 중요한 점은 시민기자의 전문성, 공정성의 부족 및 주관적이며 무절제하다는 점을 보완하고 정보에 대한 신뢰감을 높이고 객관성을 확보하게끔 하는 시대적인 요구를 결코 간과해서는 안 된다는 것이다. 사색의향기는 이를 보완할 수 있는 교육을 지속적으로 실시할 것이며 이를 바탕으로 다수가 참여하는 가운데 사회 분위기를 정화할 수 있는 시민 저널리즘의 존재 이유를 널리 알리고 그 가치를 높일 수 있도록 끊임없이 노력할 것이다.

Chapter **4**

문화나눔 사업 스펙트럼

THE INSTITUTE OF LITERATURE & CULTURE

사색의향기

향기메일 선물 사업

　　향기메일 선물 사업은 '삶에 도움을 주는 좋은 콘텐츠'를 회원들이 서로 간에 선물하는 시스템이다. 본 사업을 보다 구체적으로 설명하면 인터넷을 통한 메일링 서비스사업으로 각 요일별 5대 테마 메일을 회원 혹은 선물을 받을 사람을 대상으로 보내는 무료 메일 전송 시스템이다.

　　매일 전자우편으로 발송되는 5대 테마 메일은 명언 산책, 밑줄 긋기, 세상 보기, 독자의 글, 문화 읽기 등으로 구성되어 있으며 원문의 글과 작가의 독창적 해석이라는 텍스트 중심의 콘텐츠이다. 본 사업의 목적은 보다 많은 사람들에게 문화를 통한 기쁨과 행복을 선사하여 나눔과 융화의 인간 본위의 정신적인 가치를 추구하는 데 있다.

〈특징1〉
　　향기메일을 창작하지만 회원들끼리 선물하게 하였다.

"성춘향 님(sungch@sch.net)께서 이몽룡 님께 드리는 향기메일이다"

〈특징2〉

향기작가회 전문작가가 참여하고 주제별 구분이 확실한 고품격 창작물이다.

본 사업의 성과와 목표는 다음과 같다.

1) 성과 : 현재 향기메일 발송 횟수 − 4,110회
   　　　　　 (2020년 9월 3일 기준)
2) 목표 : 중단 없는 메일 발송
3) 계획 : 영문 향기메일 선물 발송 예정
4) 기타 : 정체성을 지켜나가면서 발전적인 변화 모색

온라인 커뮤니티 운영 사업

사색의향기는 온라인에서 '행복한 문화나눔터' 커뮤니티를 운영하고 있다.

인터넷 공간에서 회원이 중심이 되고 실명을 사용하는 사색의향기 커뮤니티는 온라인에서도 행복한 문화나눔이 가능하다는 것을 보여주고 있다. 또한, 사색의향기 커뮤니티는 보다 많은 사람에게 온라인을 통한 기쁨과 행복을 선사하면서 나눔과 융화라는 인본주의적인 정신 가치를 진흥하는 데 그 목적을 두고 있다.

현재 사색의향기 커뮤니티는 실로 폭넓은 회원층을 형성하고 있는 가운데 균형 있고 체계적인 운영을 지향하고 있다. 또한, 회원들의 다양한 문화 니즈(needs)를 보다 적극적으로 충족시키기 위해 콘텐츠를 간결하고 체계적으로 구성하여 행복한 문화 교감의 장으로 해야 할 역할을 충실히 하고자 최선을 다하고 있다.

본 사업의 성과와 목표는 다음과 같다.

1) 성과 : 설립 후 현재까지 실명 원칙과 계속성 유지

2) 목표 : 누구나 참여하는 열린 공간 지속적 유지

3) 계획 : 사색의향기만의 차별성 추구

4) 기타 : 유행을 타지 않는 순수성 유지

출판 및 독서문화 활성화 사업

 인간의 존엄성과 사회적 품격이 지켜질 때 비로소 국가의 정책이 국민들로부터 인정을 받고 그 가치를 지니게 되며 궁극적으로 '국민 행복'이 가능해지는 것이 동서고금의 진리이다.

 선진국에 대한 올바른 정의도 이와 맥락을 같이 하고 있다.

 우리나라의 경우는 어떠한가? 많은 정치인이 그렇다고 말하지만 '인간의 존엄성과 사회적 품격이 지켜지는 국가 정책'을 제대로 펼치고 있는지는 여전히 의문이다. '독서문화 활성화 사업'은 민간단체 차원에서라도 이와 같은 일을 해야 한다는 소명의식에서 출발하였다.

 돌이켜 보면, 사색의향기가 탄생했던 2004년은 '5년 후에는 책이 없어질 수도 있다'라는 예측이 나오기도 했던 때였다. 주위의 많은 이들이 "이 시점에서의 독서문화 활성화 사

제109회 문학기행

업은 시의적절치 않다"라고 말렸음에도 불구하고, 사색의향기는 오로지 독서가 주는 가치에 대한 믿음 하나로 본 사업을 시작하였다. 오늘날은 융합 지식이 아니고는 새로운 가치 창출이 불가능해졌다. 이 때문에 어린 시절부터 다양한 독서와 이에 수반되는 토론을 통하여 형성된 융합 지식에 바탕한 창의적 사고력을 계발하는 것이 매우 중요해졌다. 그러나 이와 같은 것을 가능케 하는 인프라를 만들고 실행하는 사회적 차원의 움직임은 극히 미미한 수준이다.

인류 문명사는 지적 역량을 축적, 진화시켜온 역사라고 바꾸어 말할 수 있다. 한 국가가 축적한 지적 역량은 해당 국가의 성장 및 발전에 결정적인 역할을 한다. 따라서 성공한 국가들을 살펴보면, 예외 없이 독서 지도와 후손들 교육에 전력을 경주해 왔고 이를 통해 지적 역량을 쌓아 왔음을 확인할 수 있다.

독서를 통한 지식 인프라 확충을 위해서는 국가 차원의 정책적 지원이 필요하며 민간에서도 솔선수범하여 좋은 독서문화를 전파하고, 건전한 토론문화를 선도해야 한다. 이런 맥락에서 **사색의향기가 앞장서서 펼치고 있는 '출판 및 독서문화 활성화 사업'**은 민간 차원의 대표적인 독서 인프라 확충 사업 중 하나라고 말할 수 있다. 뿐만 아니라 사색의향기는 '좋은 책 이벤트'를 통한 산업출판계 지원 사업을 꾸준히 실천해 오고 있으며, 아울러 사색의향기 커뮤니티를 활용한 다양한 콘텐츠를 활자화하여 출판해 오고 있다.

사색의향기는 책을 쓰거나 만드는 이들이 우리 시대를 대표하는 사상가이며, 이들을 선양하고 그 존재를 알리는 일이야말로 바로 사색의향기가 지속적으로 수행해야 할 중요한 사명 중 하나라고 생각한다.

문화인 탐방 사업

바야흐로 지방자치 시대이다. 어느 지역을 가든지 거리 곳곳에 축제를 알리는 현수막이 즐비하게 걸려 있는 걸 볼 수 있다. 이처럼 지자체마다 지역 축제를 만들어 지역홍보와 관광객 유치에 온갖 노력을 기울이고 있는 모습은 지방자치 시대를 보여주는 한 단면이다.

각 지자체는 지역의 특징적인 면을 부각함으로써 지역을 널리 알리고, 관광객을 유치하여 지역경제에 활력을 불어넣고 싶어 한다. 매년 많은 예산을 투입하여 지방 고유의 축제나 이벤트를 진행하는 것도 이와 같은 이유에서이다. 하지만 막대한 예산을 들였음에도 성공한 축제는 그리 많지 않다. 철저한 분석, 충분한 준비 없이 마구잡이로 양산한 축제가 지역적 특색 즉 향토색을 살리지 못해 그 정체성을 잃어버린 것이 그 원인이라고 할 수 있다.

지자체의 성공적인 성장과 발전을 위해서는 지자체에

대한 적절한 홍보가 필수적이다. 인터넷과 스마트폰이 생활화 된 요즘은 지자체 홍보도 디지털 시대에 걸맞은 감성 전략이 필요하다. 끊임없이 새로운 것을 추구하는 현시대의 디지털 유 목민의 문화에 대한 소비 욕구를 충족시켜 줄 수 있는 감성적 콘텐츠의 필요성이 절실하게 대두되는 이유이기도 하다. 이런 맥락에서 사색의향기가 지속적으로 펼쳐 온 '문화인 탐방'은 그 대안 중 하나가 될 수 있다.

작가탐방 - 박완서 │ 안도현 │ 이문열

'문화인 탐방'은 전국 각지에서 창작 활동을 하는 유명 문화 예술인은 물론, 그 지역의 실력 있는 숨은 예술인을 발굴하 고 탐방하여, 작가의 진솔한 이야기를 듣는 과정에서 사진과 영 상, 후기 등을 포함한 그들의 삶과 작품 세계를 재조명하는 다양 한 콘텐츠를 제작, 온라인상에 공급함으로써 그 작가와 그가 살 고 있는 지역의 문화가치를 높이는 사업이다. 또한 '문화인 탐 방'은 대부분 정보를 인터넷에서 얻는 현대인들에게 'Face to face' 커뮤니케이션을 통해 작가의 진정성을 전하는 동시에 그들의 삶을 재조명할 기회를 제공해 줌으로써 좋은 문화 만들기에 대한 최선의 실무(Best Practice)를 축적하는 사회 공헌적인 가치도 충분하다.

작가탐방 - 이해인 | 이외수 | 박범신

'문화인 탐방'은 스토리텔링을 제공한다. 20세기 실존주의를 대표하는 프랑스의 철학자이자 작가인 '사르트르'는 "인간은 세상사 모든 것을 이야기를 통해 이해한다."라고 했다. 바로 스토리텔링의 힘이다. 사람들은 이야기로 되어 있는 것을 더 쉽게 받아들이고 이해하면서 동시에 이야기하는 사람과 듣는 사람 사이에 정신적인 교감까지 느낀다.

스토리텔링은 미처 우리가 깨닫지 못하고 있는 어떤 위력을 가지고 있다. 날마다 정보의 홍수 속에서 살아가는 오늘날의 사람들은 단순한 정보가 아닌 이야기가 담겨 있어 오감을 만족시켜 줄 스토리텔링을 원하기 때문이다. 끝으로 '문

작가탐방 - 한대수

화인 탐방'은 문화인 지도를 만들기 위한 기반사업이기도 하
다.

문화인을 발굴하고 선양하는 일차적인 목표를 뛰어넘
어 우리 문화인에 대한 지도를 만드는 원대한 꿈을 실현할 수
있는 사업이다.

문화나눔을 통한 사회공헌 사업

　　문화나눔과 사회공헌이 융합된 '사랑나누미 사업'은 사회공헌 사업의 하나이다. 문화는 일부 선택받은 소수의 전유물이 아니며 또한 그렇게 되어서도 안 된다.

　　사색의향기는 창립 이래 지금까지 문화적으로 소외된 많은 사람에게 문화를 통해 행복을 나누고 전파하는 일을 지속적으로 해 오고 있다.

　　오늘날은 배금주의의 만연, 사회 양극화 심화로 인해 각종 범죄가 급증하고 있는 추세이며 또한 가족이 당연히 가져야 할 공동체적 가치관의 붕괴로 인해 곳곳에서 가정이 심각하게 위협받고 있다. 아울러 범죄 및 위기가정 증가는 우리 사회의 존립 기반마저 위협하고 있다. 어느 누구도 범죄와 가정 해체 위협에서 자유로울 수 없다.

　　특히 가정 해체는 자라나는 아이들에게 악영향을 미친다는 점에서 더욱 심각한 문제로 대두되고 있다. 이에 따라 사색의향기는 문화나눔 활동을 통해 그 완충 역할을 담당하고자 한다. 가장 우선적으로 제도가 가지는 제한으로 인해 국가가 시행하는 복지 혜택에서 소외 – 부모의 행방불명, 범죄자인 부모의 구금, 장애로 인한 방치 등 – 될 수밖에 없는 아이들을 중점 대상으로 활동하고자 한다. 즉, 소외 계층의 아이들이 복지의 사각지대에 방치되어 아무런 복지 혜택을 받지 못하고 사회에서 버림받아 결국 범죄의 나락으로 떨어지는 사태를 미리 방지하고자 한다.

이 아이들에게는 **단순히 물질적인 후원만을 제공하는 것이 아니라 정기적인 '사랑 나눔 교류행사'를 통해 문화체험에 참여케 하여 사색의향기와 구성원들 사이의 따뜻한 교류를 아이들에게 전달함으로써, 문화적 소양과 공동체 의식을 고취하는 동시에 심리적 안정감을 높이고자 한다.** 또한, 이를 통하여 아이들이 사회의 건강하고 책임 있는 구성원으로 자라날 수 있도록 이끌어 주는 것이다.

문화는 '계층'과 '차이'를 넘어 공동체 형성에 긍정적으로 기여하고 있다. 미국 뉴욕주가 '문화예술이 뉴욕주에 미친 영향'에 대해 조사한 결과에 따르면 문화예술이 뉴욕주에 미친 효과는 경제적 효과나 공연이나 전시를 보는 시민의 직접적 이익만큼이나 '9.11' 사태 이후 갈라진 민심을 한데 묶는데 크게 기여한 것으로 조사되었다고 한다. 오늘날 뉴욕이 가장 많은 창의 인구가 밀집하는 지역으로 나타난 것은 문화예술이 갖는 융합적 효과, 사회의 통합효과 때문이라는 것이 전문가들의 공통된 의견이다.

　　문화나눔을 통해 어려운 환경에 처해 있는 소외 계층 아이들에게 다양한 문화체험 기회를 부여함으로써 그들이 미래의 꿈과 희망을 키워 밝게 자랄 수 있도록 최선을 다해 도와주는 것이 사색의향기의 사명이자 지향점이다.

공연문화 진흥 사업

　　우리나라에는 수많은 공연단체가 존재하고 그들이 만들어 내는 공연은 셀 수 없이 많다.

　　그러나 이를 효과적으로 알려서 공연의 가치를 높이기가 쉽지 않으며 또한 그 홍보 수단도 매우 한정적인 것이 현실이다. 아는 바처럼 사색의향기의 목적사업은 행복한 문화나눔이다. 이러한 목적사업을 성공적으로 추진하기 위한 좋은 수단 중의 하나가 바로 공연문화 진흥 사업이다.

　　본 사업은 가족 모두가 함께 즐길 수 있는 공연을 사색의향기 사이트를 통해 소개 및 홍보하면서 해당 공연단체를 지원하는 것으로 사색의향기 회원은 다양한 공연정보를 제공받는 동시에 이벤트 참여를 통해 공연에 무료로 참여할 기회를 얻게 되는 문화나눔 사업의 하나이다.

　　공연문화 진흥 사업을 좀 더 자세히 설명하면 공연에 대한 자세한 정보를 사색의향기 사이트를 통해 알리면 사색의향기 회원이 댓글을 달고, 본부에서는 이들을 대상으로 추첨한 후 무료 티켓을 제공하는데 이 과정을 통하여 문화나눔을 실천하는 것이다.

한편으로는 공연 콘텐츠를 선정하는 과정에서 문화단체 간 문화교류가 활발하게 이루어진다.

이러한 문화 교류는 사색의향기 회원들이 함께 누릴 수 있는 공연정보를 제공하고 궁극적으로는 행복한 문화나눔이라는 공유가치를 창출해 내는 것이다.

이러한 상황에 대해 미끼 마케팅이 아닌가 하고 의구심을 가질 수도 있다. 하지만 보다 분명한 사실은 우리나라의 소규모 공연단체의 대다수가 비용 없이 홍보할 수 있는 수단을 거의 가지고 있지 못하다는 것이다. 이런 맥락에서 사색의향기가 현재 진행하고 있는 공연 이벤트를 통한 공연문화 진흥 사업은 상당한 의미를 지니고 있다고 해도 과언이 아닐 것이다.

공연문화가 건강한 사회를 지탱하는 한 축으로 제대로 자리 잡기 위해서는 무엇보다 저변의 확대가 필요하고, 따라서 이를 가능케 하는 홍보 수단의 확보는 매우 중요하다.

사색의향기는 지금까지 해 왔던 것처럼 묵묵히 이 사업을 수행해나갈 것이다.

인문학 교육 사업

아포리아(Aporia)는 그리스어 '길이 없는 길'에서 유래한 말로 더 이상 앞으로 나갈 수 없는 상태, 즉 난관에 부딪힌 상태로서 더 이상 다른 방법을 찾을 수 없는 상황을 말한다. 위기보다 더 심한 상태로 아포리아 시대의 위기를 극복하기 위해서는 지금까지 해온 방법에서 벗어나 전혀 새로운 관점과 방법으로 접근해 나가야 하는데 인문학이 그 답이 될 수 있다.

현재 한국 사회는 선진국으로 진입할 수 있느냐 없느냐 하는 경계에 서 있는데 바로 이 경계 돌파에 대한 열쇠를 인문학이 줄 수 있다. 인문학은 인간이 그리는 무늬의 방향을 알려주며 창의력과 상상력을 길러 줄 뿐만 아니라 우리가 당면하고 있는 구조적 문제를 해결할 수 있는 새로운 돌파구를 제공한다. 따라서 우리 사회가 인문학 중심시대로 진입하지 못한다면 더 이상의 발전은 어려워진다고 할 수 있다.

국가의 발전 단계를 학문의 발달과 연계해서 살펴볼

수 있다. 국가 발달 초기 단계에서는 법학과 정치학이 중심 기능을 하는데 과거 우리나라에서 대부분의 아이들의 장래 희망이 판검사나 정치인, 멀리는 대통령까지 자주 등장하게 되었던 맥락과 일맥상통하다.

점차 국가가 발전하면서 경제, 경영, 사회, 신문방송학이 중심이 되는 사회가 되는데 현재 우리나라의 모습이라고 볼수 있다. 이어서 선진 국가가 되면 철학과 인문학이 중심이 되고 제국을 향하게 될 때는 고고학과 인류학이 중심 기능을 하게 된다.

사색의향기가 추구하는 건강한 사회, 행복한 문화를 나누는 사회가 바로 선진 사회 즉 선진국이라고 할 수 있다. 이런 맥락으로 사색의향기는 인문학을 지향하고 있으며 다양한 활동 및 커뮤니티의 대부분이 인문학과 그 궤를 같이하고 있다.

문학, 역사 그리고 철학이 인문학의 대종을 이루고 있다. 사색의향기라는 이름 자체가 철학과 연계되어 있으며, 사색의향기가 펼치고 있는 문학, 역사, 문화와 관련된 다양한 활동이 문학 및 역사와 맞닿아 있다.

역사를 예로 들면, 사색의향기는 우리의 역사에 많은 관심을 갖고 있으며, 사색의향기와 연계된 '한인문화진흥원'을 통해 우리의 역사를 전달하고 있다.

빗살무늬토기가 기원전 몇 년에 만들어졌고 그다음에

나온 토기가 무엇인지 외우는 등의 단순한 암기 위주의 교육을 벗어나 우리 민족이 만들어 낸 역사의 흐름과 발자취를 가르치고 있다. 단군의 개국 정신은 '홍익인간'으로, 이는 세계 모든 나라가 공통적으로 부국강병의 기치를 걸고 개국한 것과는 차별화된 것이라는 것, 한글 창제는 어떤 과정으로 만들어졌는가에 관한 것 등 이웃 중국의 역사 못지않은 재미있는 주제들을 교육하고 있다.

일반적으로 국어교육으로 시나 소설, 수필들을 가르치는데 그 작품의 바탕에 존재하는 국어의 위대함, 우리말의 소중함까지는 미처 교육하지 못했다. 하지만 사색의향기는 우리말과 글의 우수성과 위대함을 지속적으로 가르치고 나누고자 한다.

이밖에도 문화의 개념에 대해 올바르게 이해하고 소비하는 방법을 가르치고 문화를 통해서 공유가치를 만들어 내는 방식을 전달하고자 한다.

이 모든 중심에 사색의향기의 지향점인 인문학이 자리하고 있다.

우리말 사랑 운동 사업

역사는 기록되지 않으면 사라진다. 아무리 거대한 기념물도 세월과 함께 스러지지만, 말은 인류가 탄생한 시점에서 지금까지의 흔적을 품고 진화해 오면서 끊임없이 인간의 역사와 함께 흥망성쇠 과정을 겪어 왔다.

말의 본질은 시간을 고스란히 축적해 왔기에 어떤 상황에서도 변함없다는 점이 매우 중요하며 최초의 골격을 갖추던 시점의 문화를 그대로 흡수하여 발전해 왔기 때문에 그 뼈대를 살펴보면 문화의 근본을 추정할 수 있다. 영국 사람들이 셰익스피어를 인도와 바꿀 수 없을 정도로 귀중하다고 하였던 것은 셰익스피어가 쓴 작품이 영국말을 훌륭하게 잘 썼기 때문이다. 알퐁스 도데의 마지막 수업에서는 선생님이 학생들에게 **프랑스 말을 잘 간직하는 것은 감옥에서 열쇠를 갖고 있는 것과 마찬가지**라고 말하였다.

우리말은 우리나라 사람들이 대대손손 소통하며 마음

을 나누고 의미를 전달하고 정신을 이어받아 온 요소이기 때문에 그것만 있으면 언제든지 같은 나라 동포로서 무엇이든 이룰 수 있고, 다른 나라 사람과 다르다는 주체성과 존엄성을 가질 수 있는 바탕을 제공한다. 우리말은 우리 부모, 조상과 같은 개념으로 핏줄과도 같은 의미를 가지므로 우리 모두는 필연적으로 우리말을 사랑해야 하는 저절로 우러나오는 의무감을 갖게 되는 것이다.

제2회 주부 백일장(2007)

사색의향기는 온라인 커뮤니티 및 향기 메일 등을 운영하면서 우리말 사랑을 근간으로 해 왔다. 우리 민족, 우리 역사와 함께 숨 쉬어 온 우리말이야말로 우리 얼에 바탕한 우리 문화가 낳은 가장 확고한 유산이라고 확신했기 때문이다.

어디 그뿐인가. 우리말은 우리 민족의 감성과 영혼을 교류시켜서 지금까지의 정신문화를 발전시켜 온 주체였다.

사색의 향기는 앞으로도 지금까지 해 왔던 것처럼 우리 말을 아끼고 사랑하는 역할을 수행해 나갈 것이다. 이를 위해 역량 있는 작가들의 좋은 책을 널리 알리고, 우리말이 담겨 있는 양질의 문화 콘텐츠들을 무료로 제공하는 등의 다양한 활동 (아래 내용 참조)을 지속적으로 펼쳐 나갈 것이다.

+ 한글사랑 백일장, 독서 밑줄 긋기 대회 등 정기적 개최
+ 사이버 백일장, 매월 게시판에 올린 글 중 우수작 선정
   및 시상
+ 한글날 기념행사 기획 등

여행동호회 활성화 사업

　　사색의향기 여행은 새로운 환경과의 호기심 가득한 만
남을 통하여 가슴 속 깊은 곳에 자리한 새로운 것에 대한 욕구
를 끌어내는 동시에 알게 모르게 쌓아둔 불행창고를 비우게 하
는 유익한 동호회 활동이라고 앞서 소개한 바(사색의향기 여행
원칙) 있다.

　　또한, 사색의향기 여행은 소통을 통해 행복한 문화나
눔 가족이 된 사색의향기 회원들에게 회원들 간의 다양한 문화
를 교류하고 즐길 기회를 제공한다.

　　여행은 삶을 긍정적으로 변화시킬 수 있는 순간들을 체
험하게 하고 힐링 받을 기회를 제공한다. 이런 맥락에서 사색의
향기는 자발적 참여를 통한 여행동호회 활성화 사업을 다음과
같이 추진하고 있다.

　　사색의향기 공식 여행동호회는 주제별로 운영되고 있
는데 설립 순으로 소개하면

특별 테마여행(2013)

1) 향기산우회

2) 길 따라 떠나는 문학기행

3) 테마여행

4) 행복한 도보여행

5) 행복한 건강여행 힐링캠프

6) 함께하는 역사탐방

7) 특별해외여행

8) 유라시아 자동차 원정대

9) 컬피 통기타여행

이상의 여행동호회는 현재까지는 본부 중심으로 운영
되어 왔지만 앞으로는 국내외 지부들이 중심이 되어 진행하되

본부가 그동안 진행해 온 경험을 충분히 활용하도록 지원하고 아울러 축적된 여행 콘텐츠를 편리하게 활용할 수 있도록 본부 차원에서 적극적으로 도와줄 것이다.

또한, 지부 간 B&B 사업을 확대 발전시켜 나갈 계획이며 향후 다양한 착한 여행 및 인문학 여행을 기획, 개발해서 지속적으로 성장 발전시킬 것이다. 한편으로는 사색의향기 PASSPORT 발행, 지부방문, 프리 여행, 회원들 간의 홈스테이(B&B), 지부 협의회 중심의 여행 사업화 등을 통하여 재미와 의미를 증대해 나갈 것이다.

향기산우회 100 도전단(2019)

21c 장원급제 인증 프로그램

　　치열한 입시 환경 때문에 꿈, 성공, 행복을 찾기가 어려워진 아이들에게 어른들이 줄 수 있는 가장 큰 선물은 아이들이 자신의 목표와 내면에서 타오르고 있는 숨은 재능에 대한 불꽃을 찾아낼 수 있도록 잘 이끄는 것이다. 이 과정을 통하여 아이들의 열정에 불을 붙이고 흥미를 자극하고, 영감을 불어넣어 주며 삶의 방향과 동기를 제시할 수 있다.

　　'21세기 장원급제 인증' 프로그램은 '장원급제'라는 제도를 통하여 대한민국의 초등학생(주니어, 미래지도자)들의 행복한 문화를 나눌 수 있는 재능을 칭찬하고, 발굴하고, 인증한다. 조선시대 과거제도를 참고하여 '행복한 문화나눔 과거(科擧)'라는 형태로 초등학교 및 주최 기관별로 100개 이상의 문화 과목을 대상으로 장원을 인증하여 이들을 시니어들이 칭찬해주는 것이며, 이를 통해 '멘토-멘티' 관계가 맺어진다. 이를 바탕으로 시니어들이 지속적으로 멘토 역할을 수행하여 아이

들을 사회에 기여하는 인재로 성장시키고 나아가서는 미래의
지도자로 만드는 프로그램이다. 아울러 프로그램을 통하여 시
니어와 주니어의 소통과 공감의 장을 만들어지면 결국 세대 간
벽도 허물어질 수 있을 것으로 기대하고 있다.

21C 장원급제 시상식(2017)

　　이 프로그램은 행복한 문화나눔을 통하여 건강하고 행
복한 사회를 만들기 위해 지속적으로 노력해 온 사색의향기가
주관하고 100개 이상의 단체가 주축이 된 '대한민국위멘위원
회'가 주최한다. 2015년에 기획되어 현장 조사 및 검토를 통하
여 우리나라 세대 간 긍정적인 교류에 그 중심적 역할을 수행
할 것으로 확신하고 있다. 이와 같은 프로젝트가 성공하기 위
해서는 무엇보다도 우리 사색의향기 국내외 지부의 역할이 필
수적이다.

우선 추천과 인증해주는 일부터 사색의향기 지부가 앞장서서 적극적으로 추진해야 하다. 안타깝게도 우리나라에는 현재 세대의 벽을 허물고 3대가 함께하는 프로그램이 거의 없다. 시니어와 주니어뿐만이 아니라 학부형이 함께 참여하는 본 프로젝트의 최대 장점은 '위멘 멘토 캠프'에서 각 분야의 위대한 멘토를 만나는 기회를 부여하자는 것이다.

21C 장원급제 매달과 배지

특히 이 프로그램을 통하여 사색의향기 지부의 중추적인 역할을 담당하고 있는 시니어들은 자신의 경륜과 역량에 대한 사회공헌 및 사회에서 존중받는 위대한 멘토가 될 수 있는 기회를 제공받을 뿐만 아니라 착한 어른으로서의 이미지를 크게 제고할 수 있을 것이다.

+ 각 지부장에게 장원급제 추천 기회 부여

사색의 향기 문화나눔 세상을 꿈꾸다

+ 위대한 멘토 캠프 행사 개최 기회 지속적 부여

+ 사색의향기 사회공헌 사업의 역량 강화 기회 제공

대한민국위멘위원회 출범식

지부 우선 사업

　　많은 이들이 행복한 문화나눔 공동체 사색의향기 지부가 설립되면 우선 어떤 일을 해야 하는지 궁금해 하고 있다. 지부가 우선적으로 해야 할 일은 명확하다. 지부장 중심으로 해당 지역의 사람들과의 만남을 추진하는 것이 그 첫 번째이다. 그 절차를 나열하면 다음과 같다.

1) 밴드에서 행복한 문화나눔에 함께 할 사람들을 초대한다.
2) 5명 이상을 초대하면 상견례 모임을 추진하다. 상견례 모임에서
– 사색의향기 기본 정신과 해당 지역에서 행복한 문화나눔을 실천할 주체인 지부에 대해 설명,
– 사무국장과 기자 회원을 선임한다.
3) 월례회를 공지한다(지부 운영매뉴얼 참조).

4) 매뉴얼에 의거하여 월례회를 개최한다.

 - 우선은 지부 회원 중 2명 이상의 강연을 듣는다.

서울 서초지부

영남 차문화 지부

- 차기 월례회 개최에 대해 합의한다.

사색의향기 지부는 만남을 통하여 관계를 증진시키고 그 관계를 통하여 행복한 문화나눔 공동체를 만들어 가는 것이다. 따라서 만남이 그 모든 것의 출발임을 명심해야 할 것이다.

지역본부 설립 사업

사색의향기 회원들의 지역 기반을 강화하고 광역별 회원 교류의 장을 마련하기 위해 지역본부를 설립 운영하고자 한다. 지역본부는 정례적인 문화행사 및 축제의 장으로 활용하며 회원들이 공동 운영하는 체계로 추진한다. 또한, 지역본부는 회원들을 위한 제3의 공간으로써의 역할을 충실히 할 수 있도록 운영될 것이며 해당 지역본부의 운영 방식은 회원 기반으로 하는 것을 원칙으로 한다.

지역본부 회원들을 위한 콘텐츠는 다음과 같다.

🍃 북카페와 공연장

'컬피 북카페'의 기본적인 콘셉트는 'Tea&Book Space'이다. 커피는 집에서도 얼마든지 마실 수 있지만, 사람들이 굳이 북카페를 찾는 이유는 커피 외 플러스 알파에 해당하는 혜택을 받기 위해서이다. 책과 만남의 장을 선물하는 '컬피 북카페'가 문화로 자리 잡기 위해서는 일상화되어야 한다. 여기에 제3의 공간에서 제공할 수 있는 다양한 문화코드가 추가되어야 한다.

마산합포지부 창립총회(2015)

🍃 행복한 문화나눔터

독서클럽을 포함한 각종 모임을 위한 공간으로 만들어진다. 강의장과 공연장은 물론이고 복합 기능을 가진 소통공간이 사색의향기 회원의 아지트가 된다.

백일장, 단편영화, 낭송회, 음악회가 이곳에서 펼쳐진다. 물론 당해 지부의 월례회 장소로 사용되며 아울러 평생교육원 및 리더십 센터 역할도 수행하게 된다.

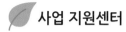 **사업 지원센터**

　최근 통계에 따르면 1인 창조기업 숫자가 28만에 이른다고 한다. 1인 창조기업 회원들에게 SOHO 사무실과 더불어 사업정보 교류의 장을 제공한다. 이를 통해 1인 창조기업 혹은 문화인, 사회적 기업들의 프리마켓이 브랜드화 되고 한편으로는 사색의향기 회원들에게 살 거리를 제공하는 장이 될 것이다.

경기 여주지부

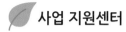 **사회공헌의 메카**

　사색의향기 지역본부가 중심이 되어 바자 경매 파티를 수시로 열고 이에 따른 수익금으로 사회공헌 자금을 만들어 '사랑나누미 클럽'의 거점 역할을 수행할 것이다. 단지 봉사만 하는 것이 아니라 나눔을 통하여 교감하고 공유하는 문화를 통

한 사회공헌 활동의 메카가 될 것이다.

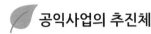 공익사업의 추진체

공공성을 갖추고 있다 하더라도 서비스가 없다면 행복한 문화가 될 수 없다. 책을 예로 들면, 책은 집에도 얼마든지 있지만, 굳이 사람들이 도서관을 찾는 이유는 도서관이 책 외의 정보와 만남을 제공하기 때문이다. 여기에 서비스가 더해질 때 비로소 하나의 문화가 될 수 있을 것이다.

수원팔달지부

사색의향기는 경기도 수원에 지역본부를 설립할 계획을 하고 있다. 좀 더 구체적으로 설명하면 경기도 지역의 사회공헌 단체들과 협력사업으로 추진될 예정이며 참고로 사업명은 '경기사회교육 커뮤니티'이다. 수원에 지역본부가 설립되면 이를 모델로 광역별로 지역본부를 지속적으로 설립해 나갈 것이다.

수원장안지부

부산 기장지부

오창특별지부

사색의 향기 문화나눔 세상을 꿈꾸다

문화대간 잔치한마당

    청미래재단(이사장 임진철)과 사색의향기가 함께하는 문화축제가 '문화대간 잔치한마당'이다. 청미래재단의 '지식PD'라 불리기 좋아하는 사람들이 '참된 지식과 문화로 노는 축제'를 기획하였으며 이를 전승하기 위하여 사색의향기가 함께하게 된 것이다.

    "오직 한없이 가지고 싶은 것은 높은 문화의 힘이다. 문화의 힘은 우리 자신을 행복하게 하고, 나아가 남에게 행복을 주기 때문이다."라고 말씀하신 백범 김구 선생께서는 암울한 식민지 상황에도 불구하고 문화대국을 주장하셨지만 정작 먹고살 만한 수준으로 발전한 우리 사회는 지나치게 물질 숭배주의에 빠져있는 것은 아닌가 하는 의구심을 갖게 한다.

    우리의 행복한 문화를 나누는 공동체 사색의향기는 '높은 문화의 힘' 속에서 나오는 것이기에, 온-오프라인에서의 '문화대간 한마당'이라는 이름으로 매년 8월 4번째 주말에 맘

껏 신명을 발휘하는 것이다.

사색의향기는 이런 축제가 우리 사회에 생활 속의 풍류로 뿌리내리게 하도록 정례적이며 지속적으로 행사를 개최할 것이다. 다양한 행사를 통하여 한라에서 백두를 거쳐 유라시아 문화대간의 정맥 속에 잠들어 있는 우리 민족의 문화 DNA를 깨우게 하고, 소멸되어가는 우리 고유의 것을 지키며, 정체되어 있는 문화 에너지를 끌어내는 축제로 성장 발전시킬 것이다. 또한, 두레, 품앗이, 걸립패라는 말들이 담고 있는 우리의 오랜 생활 문화 원형 속에는, 우리가 가꾸어 가야 할 미래문화의 가치와 이상이 담겨 있다. 행복한 문화나눔 공동체의 역할이 이를 오늘에 되살리는 것이다.

문화대간 대전잔치 한마당(2017)

사색의 향기 문화나눔 세상을 꿈꾸다

문화대간 금산잔치 한마당(2016)

여기에는 또한 민(民)이 앞서고 관(官)이 밀어주는 민관 파트너십과 거버넌스로 생활 속의 문화예술을 구현해나가는 문화 복지, 체험문화를 중시하며 춤추고 노래하는 유목민처럼 자발적으로 생활 속의 문화예술을 만들어나가는 다양성이 바탕이 되어야 한다.

이와 같은 구상은 수천 년을 이어온 우리 생활 문화의 유전적 동질성을 믿기 때문이다. 또한, 면면히 이어져 내려온 우리 문화의 은근한 힘을 믿기 때문이다. 아울러 지속적인 문화대간 행사를 통하여 문화 견본시가 이루어지고, 관습적 모방에 의한 공연문화가 아닌 '공연품앗이', '문화 바우처' 운동들의 열매가 덩달아 맺어지길 기대한다.

Chapter 5

행복의 99%는 관계

THE INSTITUTE OF LITERATURE & CULTURE

사색의향기

무엇이 행복을 결정하는가?

　　행복의 사전적 의미는 생활에 만족하여 즐겁고 흐뭇하게 느끼는 감정이나 상태라고 정의하고 있다. 이것은 즐겁고, 만족스럽고, 흐뭇하고, 더할 나위 없는 축복을 느끼는 마음의 상태를 말한다. 만약 우리가 평소 생활에서 기쁨이나 즐거움을 느끼고, 또 지극히 복이 많다고 느끼거나, 어떤 사람을 사랑하고 그 사람으로부터 사랑을 받고 있다고 느끼면, 행복하다고 말할 수 있다. 영어에서 행복을 뜻하는 'happy'는 고대 스칸디나비아 말인 'happ'에서 유래했다. 원래 이 단어의 뜻은 행운이라고 한다. 중국에서 행복(幸福)의 행(幸)자 또한 행운의 의미가 있다. 동양이나 서양이나, 모두 행복의 개념을 운이 좋게 어떤 상황이나 일이 자신의 의도대로 되는 것으로 사용하였다.

　　무엇이 행복을 결정하는가? 미국 하버드대학교 의과대학 정신과 교수 로버드 윌딩어는 "관계(Relationship)가 인생에서 행복을 결정하는 중요한 요소"라고 말했다. 그는 2015

년 미국 보스턴에서 열린 테드X 비콘 스트리트(TedX Beacon Street:혁신적인 아이디어를 발표하는 세계적인 강연회 산하에 있는 북미 지역 컨퍼런스) 강연에서 75년이라는 오랜 세월 동안의 추적 연구 끝에 '행복'과 '만족감'에 관한 데이터 분석 결과를 토대로 이같이 설명했다.

로버드 월딩어 교수의 강연을 요약하면 다음과 같다.

만약 우리가 인생 전체를 한꺼번에 펼쳐볼 수 있다면 어떨까? 사람들의 10대 시절부터 노년까지 온전히 연구해서 무엇이 사람들을 행복하고 건강하게 하는지 볼 수 있다면 어떨까? 그것을 우리는 해냈다. 하버드대학교 성인발달연구는 역대 최장기간에 걸친 인생 연구일 것이다. 이 연구에서는 1938년부터 75년간 남성 724명의 인생을 추적해왔다. 연구대상에는 하버드대학교에 갓 입학한 학생도 있었고, 보스턴의 가난한 지역에서 사는 소년들도 있었다. 해마다 그들의 직업과 가정생활, 건강 상태에 관해 설문했다. 최초의 연구대상 724명 중 60여 명이 생존해 있으며 지금도 연구에 참여하고 있다.

연구가 시작되었을 때 연구대상자 모두가 면접을 봤고, 의료검진을 받았으며, 연구자들이 그들의 가정에 방문해 부모님을 인터뷰하기도 했다. 연구 시작 후에는 2년마다 방문조사를 진행했다. 조사는 참가자의 직업, 건강, 결혼과 가정생활, 사회적 성취, 친구 관계 등 삶의 전반에 걸쳐 이뤄졌다. 그들의 자녀와 이야기를 나누고, 아내와 심각한 고민을 얘기하는 그들의 모습을 촬영하기도 했다. 물론 뇌 스캔과 피검사 같은 건강검진도 진행했다.

75년간 축적한 수만 페이지짜리 인생 데이터를 통해 과연 무엇을 파악할 수 있었을까? 행복은 부나 성공, 명예, 혹은 열심히 노력하는 데 있지 않았다. 75년간의 연구에서 얻은 가장 분명한 메시지는 바로 '좋은 관계'가 우리를 건강하고 행복하게 만든다는 것이다. 조사 시작 때 대상자들의 삶의 목표는 대부분 부와 명예였다. 하지만 이들이 50세 이후에 이르렀을 때는 행복하고 건강한 삶의 조건으로 '인간관계'를 가장 중요하게 꼽았다. 행복한 삶을 위한 관계가 중요하다는 연구결과는 다음 세 가지로 요약된다.

첫 번째 교훈은, 사회적 연결은 유익하되 고독은 해롭다는 것이다. 연구결과, 가족·친구·공동체와의 사회적 연결이 긴밀할수록 더 행복하고, 신체적으로도 건강하며, 더 오래 사는 것으로 나타났다. 긴밀한 사회적 연결이 부족한 사람들에게 고독은 매우 해로운 것으로 드러났다. 다른 이들로부터 자신이 원하는 것 이상으로 고립된 사람들은 행복감을 덜 느낄 뿐만 아니라, 중년기에 건강이 더 빨리 악화하고, 뇌 기능이 일찍 저하되며, 외롭지 않은 사람들보다 수명이 짧다.

하지만 군중 속에서도 고독할 수 있고, 결혼해도 고독할 수 있다. 그래서 두 번째 교훈은 친구가 얼마나 많은지, 안정적이고 공인된 관계를 맺었는지가 아니라, 관계의 질이 무엇보다 중요하다는 점이다. 이에 대한 근거로 갈등 속에서 사는 것은 우리 몸에 아주 나쁜 것으로 밝혀졌다. 일례로 애정 없이 갈등만 잦은 결혼은 이혼보다 더 건강에 해로울 수 있다고 나타났고 반면에 바람직하고 따뜻한 관계는 건강을 지켜준다. 50세에 관계에 대한 만족도가 가장 높은 사람들이 80세에 가장 건강했다. 바람직하고 친밀한 관계가 나이 먹는 고통의 완충재 역할을 해 준 셈이다.

세 번째 교훈은 좋은 관계가 우리의 몸뿐만 아니라 뇌도 보호해준다는 것이다. 연구결과에 따르면, 애착으로 단단히 연결된 관계를 맺은 80대는 그렇지 않은 80대보다 더 건강했다. 또한, 관계를 맺고 있는 상대방이 자신들이 힘들 때면 의지가 되어 줄 거라고 여기는 사람들은 그렇지 않은 사람들보다 기억력이 더 선명하고 오래간다고 한다. 반면 관계를 맺고 있는 상대방이 의지가 되지 않는다고 느끼는 사람들은 좀 더 빠른 기억력 감퇴를 보였다.

우리의 연구대상들도 젊은 시절에는 대부분 부와 명성, 높은 성취를 추구해야만 좋은 삶을 살 수 있으리라고 진심으로 믿었다. 그러나 75년 동안 우리 연구는 거듭해서 보여주었다. 가장 행복한 삶을 산 사람들은 그들이 의지할 가족과 친구와 공동체가 있는 사람들이었다는 것을. 인간관계가 인생에서 중요하다는 것은 사실 새로운 내용은 아니다. 모두가 인지하고 있는 것이다. 하지만 우리가 잊어선 안 되는 점은 75년의 연구결과가 실제로 그러하다는 사실, 그리고 그것이 부·명예 등 다른 요소보다 우선해서 가장 중요하다는 사실이다.

또 다른 연구결과 역시 행복에서 사장 중요한 것은 관계임을 보여준다.

'행복학의 대가'인 에드 디너 미국 일리노이대학 교수는 200여 명을 설문조사해서 쓴 논문 '매우 행복한 사람(Very happy people)'에서 상위 10%의 행복한 사람들이 나머지 사람들과 보인 가장 큰 차이가 돈이나 건강, 재산이 아니라 '관계'임을 밝혔다. 미국 하버드의과대학 조지 베일런트 교수가 하버드대학 졸업생 268명을 72년 이상 추적 관찰한 연구의 결론도 "삶에서 가장 중요한 것은 사람들과의 관계이며, 행복은 결국 사랑"이라는 것이다. 1955년 하와이 카우아이섬에서 태어난 아기 833명을 30년간 추적 조사한 심리학 연구의 결론도 같다. 당시 카우아이섬 주민 대다수가 지독한 가난과 약물중독, 질병 등에 노출됐고, 이들의 과반수가 부모처럼 중독과 범죄의 길로 들어섰다. 하지만 3분의 1은 환경에 발목 잡히지 않고 건강하게 성장했다. 이들을 가르는 분기점은 무엇이었을까? 바로 신뢰와 사랑을 주고받는 '관계'가 한 명이라도 있느냐 없느냐였다.

김태형 심리학자는 이에 대해 "90년대 외환위기 사태와 신자유주의 확산을 겪으며 한국인의 불행도와 자살률이 가

파르게 증가했다. 관계와 공동체가 파탄 나면서 불행해진 것인데 돈이 없어서 불행하다고 인지 오류를 범하고 있다."고 분석했다. 그래서 그의 행복 해법은 관계와 공동체 복원이다. "돈과 이익을 기준으로 맺어지는 관계에서 벗어나 정말로 친밀하고 건강한 관계를 만들어가야 한다. 요즘은 가정에서도 돈으로 자식을 대한다. 공부 못하면 사람 취급을 안 한다. 가정과 가까운 친구 사이부터 관계를 복원해야 한다."

5가지 행복한 관계

　　인간은 관계를 통해 행복하기도 하고 불행하기도 하
다. 그만큼 인간의 감성은 관계에 의해 지배받고 있다는 증거
일 것이다. 행복을 설명하는 많은 책은 행복에 강력한 영향을
주는 관계를 아래의 5가지로 설명하고 있다. 그러한 책에서 말
하는 행복한 관계의 증진이 바로 사색의향기의 목적사업인 '행
복한 문화나눔'이다.

　　사람들의 행복에 영향을 주는 관계는 다음의 다섯 가
지 관계로 정의되어 있다.

　　1. 의지 관계
　　2. 자신 관계
　　3. 환경 관계
　　4. 동호 관계
　　5. 멘토 관계

　　이하에서는 이 다섯 가지 관계를 좀 더 구체적으로 설
명한다.

의지 관계

　　아무리 뛰어난 사람도 의지할 곳이 필요하다. 이는 완전하지 못한 인간에게는 어쩌면 지극히 당연한지도 모른다. 그 의지처(依支處)는 신이 될 수도 있고 사람일 수도 있고 직장이 될 수도 있다.

　　살면서 의지처가 필요한 사람들이 자신의 처지를 이해해 주고 포용해 주고 나아가서는 삶에 자신감을 가지는 자긍심까지 불러일으켜 주는 어떤 단체에 속함으로써 비로소 의지할 곳을 찾았을 때, 이때의 관계는 의지할 수 있는 관계, 즉 '의지 관계'라고 정의할 수 있을 것이다.

　　따라서 행복한 사회는 그 의지처가 많은 사회라고 말할 수 있다. 우리 사회에 필요한 착하고 품격 있는 신뢰의 단체 사색의향기가 바로 그 의지처가 될 수 있고 의지 관계를 만들어 줄 수 있을 것이다.

자신 관계

　　삶을 영위하는 가운데 자신을 비참하게 만드는 가장 큰 적은 바로 열등감이며 그 열등감은 불행의 창고를 더욱 채우게 만들어 버린다.

　　우리가 행복하게 산다는 것은 현재 자신이 하는 일을 소중하게 생각하고 또한 자신이 처해 있는 상황을 긍정적으로 인식하여 이를 바탕으로 열심히 살아가는 자신을 칭찬하고 격려할 수 있어야 한다. 한 걸음 더 나아가 잠자고 있는 자신의 정체성을 일깨우고 아울러 자존감을 더욱 높일 수 있다. 하지만 이렇게 하기는 쉽지 않다. 따라서 마음 수련, 명상, 음악 듣기, 인문학 학습, 사색 등을 통하여 이를 성공적으로 해낼 수 있도록 도움을 받는 것이 필요하다.

　　한편 자신과의 관계를 잘 설정하기 위해서는 가족이 대단히 중요하다. 가족은 자신의 행복의 근원이기 때문이다. 가족으로 인해 가끔 상처도 받을 수 있지만, 가족은 우리를 행복하게 해주는 가장 소중한 공동체임을 깊이 명심해야 한다. 가장 오래되고 소중한 인연인 가족은 평생을 함께할 친구이자 동료임을 깊이 명심해야 한다.

사색의향기는 다양한 인문학 프로그램을 통해 잃어버린 정체성과 자아를 찾는 데 도움을 주고자 지속적으로 노력하고 있다.

환경 관계

　　사람은 환경에 영향을 많이 받는다. 아니 환경에 종속된 존재인지도 모른다. 특히 새로운 환경은 긴장과 설렘을 갖게 하고 그 새로운 환경은 사람에게 변화의 기회를 제공한다.

　　그러면 새로운 환경과의 관계를 만드는 방법은 무엇일까? 과감하게 여행을 떠나는 것이다.

　　'여행은 기존의 것을 버리고 새로운 것을 얻는 과정이다'라는 말이 이러한 상황을 잘 나타내고 있다.

　　사색의향기는 문화나눔 운동의 일환으로 지난 17년 동안 총 1,000회 이상의 국내외 여행을 진행하면서 수천 통의 감사 메일을 받았다. 이와 같은 결과는 앞서 말씀드린 바를 충분히 증명할 수 있을 것이다.

　　메일 내용의 대부분은 "사색의향기와 함께한 여행으로 큰 불행을 무사히 이겨냈다. 그 이유는 ~~ 이런 것이었다. 여행이 그런 것이라는 것을 알게 되었다. 그런 기회를 주신 것에 감사하다. 앞으로 가족과 함께 가려 한다."였다.

　　이러한 메일 하나가 주는 마약과 같은 효능이 많은 사람을 사색의향기를 위해 헌신하게 만들고 열정을 쏟을 수 있게 하는 에너지가 되어왔다고 해도 과언이 아니다.

동호 관계

　　누구나 '일이 취미면 얼마나 좋을까'라는 즐거운 상상을 하곤 하다. 일을 좋아하고 사랑하는 사람치고 불행한 사람이 없다는 책 속의 말처럼 무엇인가에 집중하고 그것을 즐기게 되면 불행의 창고는 자연스럽게 비워지게 될 것이라는 게 전문가들의 주장이다.

　　아무런 이해관계 없이 그저 좋은 취미를 함께하는 사람들과 소통과 공감을 공유함으로써 수평적 관계를 도모하는 것은 삶의 행복도에 커다란 영향을 미치는 매우 중요한 관계이다.

　　여기에는 열등감, 효율성, 상하관계, 조직, 이익, 이기성 등이 필요 없다. 단지 좋아하는 것을 공유하는 것만으로도 오히려 일을 더욱 즐길 수 있고 또한 더욱 집중할 수 있다. 일은 일이고 취미는 취미라는 이분법적인 사고에 사로잡힌 사람들은 취미 생활을 통하여 노는 법을 배워야만 후반기 인생이 행복해질 수 있다고 잘못 이해하고 있다.

　　잘 논다는 것은 매우 중요하다. 특히 '누구와 더불어 노느냐'가 보다 더 중요하다. 따라서 젊은 시절부터 제대로 놀 줄 아는 사람들과 관계를 맺는 것이 필요하다.

　　더욱 흥미로운 것은 잘 놀면 경제적으로 플러스가 되는 것뿐만 아니라 훌륭한 네트워크를 만들 수 있고 한 걸음 더 나아가 이를 통하여 공유가치까지 창출할 수 있다는 것이다. 따라서 제대로 놀 줄 아는 것은 행복한 삶을 영위하는 데 있어서 매우 중요한 요소이며 불행의 창고를 비울 수 있는 가장 훌륭한 방법이다.

멘토 관계

　나의 생각과 삶을 다른 사람과 비교하는 간접체험을 통하여 자신이 원하는 행복에 대해 깨달을 수 있다.

　자기중심적인 이기심에 의해 혹은 경쟁사회에서 생존하기 위해 알게 모르게 변질된 자신의 가치관을 다른 사람과 비교하는 간접체험을 통해 우리는 인생을 변화시킬 수 있는 특별한 계기를 만들 수 있다.

　그것이 바로 독서이다. 우리는 독서를 통해 이 시대에 지대한 영향을 미치는 뛰어난 사상가를 마음껏 만날 수 있다. 아울러 역사를 긍정적인 방향으로 변화시켰던 과거의 스승들, 즉 인류의 영원한 멘토들도 만날 수 있다.

　책에는 삶을 풍부하고 행복하게 해주는 지식과 지혜가 가득 담겨 있다. 독서는 멘토를 만나는 다른 방법에 비해 비교적 비용이 적게 든다. 주변의 도서관을 활용하면 더욱 효과적이다. 일단 독서를 시작하라. 시작하는 순간부터 세상이 달라

보일 것이다.

읽는 만큼 아는 만큼 보인다고 했다. 독서를 통해 물미가 트이고 세상을 알게 되니 이때 세상이 얼마나 달라져 보이겠는가. 독서는 앉아서 하는 여행이다. 독서를 통하여 기존의 익숙한 것들을 버리는 동시에 새로운 것을 얻고 이 과정을 통해 선(先)체험자들과 행복한 소통을 나눌 수 있을 것이다.

사색의 향기 문화나눔 세상을 꿈꾸다

Chapter 6

사색의향기 존재의 바탕에 흐르는 인문학 정신

사색의향기

인문학의 보이지 않는 힘

　　위키백과에 따르면 인문학 혹은 인문과학(人文學, 영어: humanities)은 인간과 인간의 근원 문제, 인간과 인간의 문화, 인간의 가치와 인간만이 지닌 자기표현 능력을 바르게 이해하기 위한 과학적인 연구 방법에 관심을 갖는 학문 분야로서 인간의 사상과 문화에 관해 탐구하는 학문으로 정의되어 있다.

　　인문학은 기본적으로 인간에 대한 학문이다. 서양에서 인문학을 휴머니티(Humanity)라고 하는 것도 인간성, 인간적인 것을 탐구하는 학문이라는 뜻이다. 원래 인문학은 그리스, 로마의 고전에서 시작되었으며, 근세 르네상스 이후로 신에 예속되었던 인간을 재발견하는 과정에 고전을 재평가하게 되면서 근세 인문학이 태동한 것이다. 그러나 인문학은 단순히 옛것으로 돌아가자는 운동이 아니라 사람으로서 가장 기본적으로 가져야 할 도리, 상식, 예의를 다시 돌아보자는 것이다. 문학, 사상, 철학이 모두 이에 해당한다.

독서포럼-마포나비소풍

인문학 개념은 고대 그리스의 '파이데이아(paideia)'와 라틴어 '후마니타스(humanitas)'에서 유래한다. '파이데이아'는 BC 5세기 중엽 소피스트들이 젊은이들을 폴리스(도시국가)의 능동적 시민으로 양성하기 위해 마련한 일반 교육과정이고, 후마니타스는 BC 55년 키케로가 '데 오라토레(De Oratore : 웅변학교)'에 마련한 웅변가 양성과정이었다. 수사학자인 성 아우구스티누스를 비롯한 중세 초기 교부들은 파이데이아와 후마니타스를 그리스도교의 기본 교육과정으로 채택했다. 그들은 이것을 '유익한(bonae)' 과목 또는 '교양(liberales)' 과목이라고 부르기도 했는데, 수학, 언어학, 역사, 철학, 과학 등이 포함되었다. 중세 후기에 후마니타스의 구성과목은 그대로 통용되었지만 후마니타스라는 말 자체는 별로 쓰이지 않다가 르네상스 시대에 이르러 다시 널리 쓰이게 되었고 형태도 약간 바뀌었다. 15세기 이탈리아 인문주의자들은 세속적인 문예 및 학술활동(문법, 수사학, 시, 역사, 도덕철학, 고대 그리스어 및 라틴어 연구)을 가리켜 '스투디아 후마니타티스(studia humanitatis : 인간 연구)'라는 말을 썼다. 그들은 이 학술 활동을 신에 대한 연구가 아니라 본질적으로 인간과 고전에 대한 연구로 생각했다.

제4차 산업혁명을 중심으로 한 인류 삶의 전반에 걸쳐 변혁의 시대에 우리는 왜 인문학에 열광하는 것인가? 국가를 포함한 기업의 리더들은 왜 인문학을 찾는가? 무엇이 인문학을 현시점에서 추구하는 최고의 가치로 만들었는가? 현재의 시점을 냉정히 돌아볼 필요가 있다.

무한경쟁 시대로 접어들면서 지금까지는 성과와 실적만을 최고의 가치로 여기고 살아왔지만 이제 그것만으로는 한계에 부딪히는 시기가 온 것이다. 비로소 사람을 사랑하고 아끼는 인본주의가 얼마나 중요한 것인지를 깨닫기 시작한 것이다. 무한경쟁 시대에서 살아남기 위해서는 인문학이 가지고 있는 인간 본연의 가치를 꿰뚫고 있어야 한다는 것이다.

인문학에는 사람이 어떻게 살아야 하는 것에 대한 기본이 다 들어있다. 우리는 오래전에 쓰여진 고전을 읽으며 감동을 받는다. 지금의 삶은 그 시대와 매우 다르고 지금으로서는 이해할 수 없는 부분들도 많다. 그럼에도 불구하고 우리가 그 이야기에서 감동을 느낄 수 있는 것은 그 안에서 시대를 초월해 면면히 흐르는 역사와 삶의 보편성을 발견할 수 있기 때문이다. 과거의 사람들이 경험했던 시행착오는 '역사' 속에서 찾을 수 있고, 나와 다른 삶을 살았던 사람들의 삶에 대한 체험은 '문학'에서 찾을 수 있고, 또 철학은 이 모두를 관통하는 가장 본질적인 규칙을 찾아내는 데 헌신한다. 문학과 역사, 철학이 흔히 인문학의 3대 분야로 불리는 것도 이 때문이다.

인문학은 삶의 원리를 밝히는 학문이다. 만약 인간의 삶이나 정신이라는 것이 아무런 원리도 없이 사람 따라 기분 따라 매일매일 달라지는 변덕스러운 것이라면 굳이 힘들여 인문학을 연구하고 공부할 필요가 없다. 인문학의 전통이 수천 년을 두고 면면히 이어져 올 수 있었던 것은 인간이 살아가는 삶의 무늬 속에서 인문학이 삶의 원리를 찾아냈기 때문이다.

인문학은 사람다움을 찾아가는 길을 알려준다. 인문학은 인간의 본성을 뿌리로 하며 인간의 사상 및 문화를 대상으로 하는 학문 영역이기 때문이다. 소크라테스가 탈옥을 권유하는 크리톤에게 "훌륭하게, 아름답게, 올바르게 사는 것이 중요한 거야."라고 말한 단 한 문장에 인문학의 모든 정신이 깃들어 있다.

인문학은 인간의 내적인 태도를 변화시킨다. "인간은 내적인 태도를 변화시킴으로써 삶의 외적인 면을 변화시킬 수 있다."라고 표현한 윌리엄 제임스의 인간에 관한 정의도 결국은 인문학에 관한 말이다. 공간과 시간, 관계를 바꿔야 삶의 외적인 변화를 가져올 수 있는데 인문학이 만들어 낸 내적인 변화가 이를 가능하게 한다는 것이다.

인문학은 생각의 정원을 가꾸게 한다. 제임스 앨런은 "인간의 마음은 정원과 같아서 자유롭게 가꿀 수도 있고 야생의 들판으로 버려둘 수도 있다. 그러나 가꾸든 내버려 두든 무언가는 반드시 자라난다. 유용한 씨앗을 심지 않는다면 쓸모없는 풀씨만 날아와 잡초가 무성하게 자랄 것이다."라고 하였다. 이것 또한 인문학의 보이지 않는 힘이다.

사색의향기의 존재의 이유는 사색을 통해 깨달은 삶에 대한 보편적 가치들이 향기로 널리 퍼져 그 속에 담긴 뜻이 구현되어 건강하고 행복한 사회를 만드는 데 있다. 즉, 사색의향기 존재의 바탕에는 인문학 정신이 도도히 흐르고 있다.

풍류 인문학 향연

　　사색의향기 자문위원이자 청미래재단 이사장 임진철 박사(문화인류학)는 "사색의향기는 인문학적 성찰의 열매인 향기를 세상의 모든 이들과 더불어 나누는 것"이라고 사색의향기의 정체성을 인문학 바탕으로 정의한 바 있다.

　　그렇다. 사색의향기는 바로 이와 같은 인문학적 성찰의 열매인 향기가 마음의 마스터키가 되어 우리의 마음 근력과 생각의 내공을 쌓아줄 수 있을 거라는 확신을 하고 행복한 문화나눔 프로그램을 기획하게 되었다. 이를 구체적으로 실천하기 위하여 2016년부터 '풍류인문학 향연'이라는 프로그램을 열고 있다.

　　'풍류 인문학 향연'은 행복한 문화와 인문학이 공존하는 문화의 바다를 지속적으로 항해하는 것을 지향하고 있다. 사색의향기는 '풍류인문학 향연'을 통해 공유 문화부족의 시대에 건강한 사회의 바탕이 되는 행복한 문화를 만들고 안착시켜 나아가는 일을 기꺼이 선도하고자 한다. 명품 인문학 향연이

사색의 향기 문화나눔 세상을 꿈꾸다

될 수 있도록 최선의 노력을 기울여 나갈 것이다.

'풍류인문학 향연'은 인문학 심포지엄(symposium)이다. 심포지엄의 어원을 보면 공중토론(公衆討論)의 한 형식으로 원래 그리스어의 심포시아(symposia : 함께 술을 마시는 것), 심포시온[symposion : 향연(饗宴), 향응(饗應)]에서 라틴어의 심포지엄(symposium)으로 옮겨진 말이라 한다.

오늘날에는 향연이라는 의미 외에도 화기애애한 분위기에서 진행되는 학술적인 토론회나 그 밖에 신문·잡지 등에서 특정한 테마를 놓고 2명 또는 그 이상의 사람들이 각자의 견해를 발표하는 지상토론회의 뜻으로 널리 통용되기도 한다.

심포지엄을 효과적으로 이끄는 역할을 하는 사람은 Moderator라 칭해진다. 일반적으로 MC(Mastor of Ceremonies)는 행사나 의식의 순서를 진행하는 사람을 일컫고 Moderator(토론회나 심포지엄의 좌장)는 단순 사회를 넘어서서 주제와 관련된 토론의 좌장으로서 사회와 진행, 토론의 테마/콘텐츠 디자인과 연출, 발제와 토론 내용의 요점 정리, 요점 정리된 콘텐츠의 집단지성화를 향도하는 역할을 하는 사람을 지칭한다.

MC의 역할은 행사 전반에 걸친 진행을 잘하는 것으로 누구든 무난하게 할 수 있지만 Moderator는 앞서 언급한 바와 같이 심포지엄에 대한 길라잡이 역할을 해야 하기에 주인의식, 책임감은 물론 주제와 관련한 상당한 수준의 지식 및 안목을 필요로 한다. 따라서 Moderator는 심포지엄을 원활하게 진행하기 위해 많은 준비를 하고 참석해야 하는 것이다.

'풍류인문학 향연'이 명품 향연이 되도록 최선의 노력을 경주할 것이다.

여행의 인문학

인문학은 인간의 사유와 의식, 인간 간(人間 間)의 관계, 생활과 존재 기반, 그리고 이러한 것의 역사와 변화과정을 탐구하는 종합학문이자 인간과 인간관계를 탐구하는 학문이다.

따라서 '인문학의 본령이 끝없는 사회비판과 비판적 문제의식에 있다'는 관점에서 보면 인류사의 극적인 전환점에서 항상 비판적 문제의식의 해결책을 모색하게 해 주었던 여행은 인문학과는 떼려야 뗄 수 없는 불가분의 관계에 있다고 할 수 있다.

한편 여행이 인류사회의 발전에 지대한 공헌을 했다는 것은 여행이 수많은 사람에게 새로운 문물이나 호기심을 충족시키는 인문학적인 역할과 기능을 했을 뿐만 아니라 보다 나은 세계로의 이동이나 발전을 이끈 원동력으로 작용했기 때문이다.

인류의 가장 오래된 이야기라 일컬어지는 '길가메시'

서사시도, '오디세이'도, '서유기'도 결국 고향을 떠나 무언가를 발견하기 위해 길을 나선 사람들의 이야기이다. 그런데 이들은 왜 길을 나선 것일까? 여행은 여행 그 자체로도 목적이 있지만 다른 또 하나의 목적은 무엇인가를 추구하는 것이다.

힐링캠프(2014년 4월)

이야기 속의 주인공들은 어떤 계기로 집을 떠나 여러 낯선 장소를 이동하며 갖가지 사건과 인물들과 만나면서 성장하고 삶을 긍정적으로 이해하게 된다. "확실히 여행은 단순한 관광 이상이다. 여행은 삶에 관한 상념들에 계속해서 일어나는 깊고, 영구적인 변화이다."라는 미리엄 비어드(인생 명언 중)의 말은 이를 잘 나타내 준다.

여행은 여유 있는 사람이 가는 것이라기보다는 삶을 보다 윤택하게 해 주는 '삶의 촉매제'를 얻는 과정이라고 할 수

사색의 향기 문화나눔 세상을 꿈꾸다

있다.

삶의 전 연령대에 걸쳐 우리들은 여행을 갈 수 있고, 연령대별 여행 목적은 실로 다양하게 나타날 수 있다.

10대는 두려움을 없애기 위한 여행,
20대는 학습과 체험을 하기 위한 여행,
30대는 꿈과 희망을 갖기 위한 여행,
40대는 향후의 삶을 설계하기 위해 필요한 경험을 쌓는 여행,
50대는 살면서 미처 모르고 지나쳤던 것을 보기 위한 여행,
60대는 열심히 살아온 지난 시간에 대한 보상을 받는 여행,
70대는 삶의 짐을 내려놓는 여행을 예로 들 수가 있겠다.

이처럼 여행은 동일한 여행지라도 가는 사람들의 연령대에 따라 여행 효과가 다르기에 이 세상에 버릴 수 있는 여행은 결코 없다고 할 수 있다.

여행을 뜻하는 영어 'travel'은 라틴어 고통, 고난을 뜻하는 'travail'에서 비롯되었다. 오늘날은 여행을 즐거움과 여유로 나타낼 수도 있지만 고대의 여행은 '집 떠나면 개고생'이란 말처럼 매우 힘들고 괴로웠다. 그 과정을 통하여 고대인들은 한층 더 성숙한 삶을 누릴 수 있게 되었다. 따라서 주마간산(走馬看山)격 여행은 좋은 여행의 예가 아니다. 좀 더 체험적이고 많이 보고 느끼는 느린 여행이야말로 진정한 의미의 여행이라고 할 수 있다.

　　"내가 로마 땅을 밟은 그 날이야말로 나의 제2의 탄생일이자 내 삶이 진정으로 다시 시작된 날이라고 생각한다."라는 독일의 문호 괴테의 말은 오늘날에도 시사하는 바가 크다.

명품 인생

　　우리는 단 한 번의 생을 살아간다. 생의 마지막에서 "일 좀 더 할 걸", "돈 좀 더 벌 걸", "더 이기적으로 살 걸", "일 요일 잠이나 더 잘 걸", "더 많이 배울 걸", "더 잘난 척할 걸" 등 이런저런 후회를 남기는 사람들이 의외로 많으리라 생각한다.

　　한 번뿐인 삶에서 모든 것을 다해 보고, 알고, 관여하는 것이 최상이지만 대부분 사람에게는 불가능한 일이라는 것을 우리는 잘 알고 있다. 하지만 보다 안타까운 것은 많이 행복하고 즐길 기회를 만났는데도 불구하고 앞으로 더 좋은 기회가 올 것이라는 막연한 기대 때문에 다음 기회로 미루는 경우가 왕왕 있다는 것이다.

　　우리가 살고 있는 시대에서, 우리는 주변에서 조직의 구성원으로 평생을 몸 바치다 은퇴한 직장인들이 과거의 일에 대한 고정관념에서 벗어나지 못하고 직위와 대접만을 원하며

'지금'이라는 황금의 시간을 즐기지 못한 채 욕심의 바다에 빠져 헤어나지 못하고 방황하는 모습을 자주 목격하게 된다. 누구나 이론적으로는 '지금'을 선택하여 즐기면서 나눌 수 있는 여유와 품격을 가질 수 있다는 것을 잘 알고 있다. 또한 '잘 논다'는 것이 인생에 있어서 뿐만 아니라 인간관계에서 얼마나 중요한지도 잘 알고 있다. 그러나 현실의 삶에서 이를 실천하기는 쉽지 않다.

선상디너 음악축제(2012)

그런데 잘 놀면 굳이 노력하지 않아도 수입이 발생하는 일이 되는 경우를 우리는 심심찮게 보아 왔다. 즐기고 미치면 남보다 잘하게 되는 이른바 '명품 인생'이 되는데, '명품 인생'이야 말로 학교, 출신 성분, 소유가치, 일반적인 능력과 인품을 뛰

사색의 향기 문화나눔 세상을 꿈꾸다

어넘어 매력이 넘치고 인생 향기가 물씬 풍기는 진짜 우리가 바라는 삶일 수 있다.

　　사색의향기가 추구하는 삶의 모습이 바로 '명품 인생'이다. 즉, 자신이 진정으로 좋아하는 것을 실천하면서 충분히 즐기고, 나누고, 집중하고, 미치는 가운데 매력적인 공유가치를 창출하고 또한 이를 통하여 우리 사회에 꼭 필요한 '행복한 문화나눔 공동체'를 만들어가자는 것이다. 우리는 '명품 인생'을 추구하면서 매력적인 삶을 살아가야 한다. 그 이유는 바로 지금 우리가 단 하나밖에 없는 삶을 살고 있기 때문이다.

컬피슈머(Culppysumer)

바야흐로 슈머(-sumer)의 전성시대이다. 경제 발전에 따른 소비 패턴이 바뀌면서 소비의 패러다임도 다양한 형태로 변화를 거듭하고 있음을 우리는 목격하고 있다. 그 변화의 첫 번째는 프로슈머(Prosumer)로부터 시작되었다. '생산자'를 뜻하는 영어 'producer'와 '소비자'를 뜻하는 영어 'consumer'의 합성어로, 생산에 참여하는 소비자를 의미하는데, 1980년 미래학자 앨빈 토플러가 그의 저서 『제3의 물결』에서, 21세기에는 생산자와 소비자의 경계가 허물어질 것이라 예견하면서 처음 사용되었다.

이보다 한 단계 더 발전된 개념으로 크리슈머(Cresumer)가 있다.

이는 창조를 의미하는 크리에이티브(creative)와 소비자를 의미하는 컨슈머(consumer)를 조합한 것으로 음악·미술·

문학 등 주로 창작 분야에서 디지털 기술을 보다 적극적으로 이용하여 제품의 판매와 유통에 영향을 미치는데 제품개발과 유통과정에 소비자가 직접 참여하는 프로슈머(Prosumer) 보다 발전된 개념이다.

이외에도 회사나 광고 등을 통해 제공되는 정보에 의존하기보다는 새로운 서비스, 제품을 직접 경험하길 원하는 시도하다(try)와 소비자(consumer)의 합성어로 체험적 소비자를 말하는 트라이슈머(Trysumer), 하나를 구매하더라도 정교하면서 과감하고, 또 합리적인 결정 과정을 거쳐 그 결과를 공유하는 스마트슈머(Smartsumer)도 있다.

문화 소비의 관점에서는 컬처슈머(Culturesumer) 개념이 있다. 'culture'와 'prosumer'의 합성어로 문화상품인 음식, 영화, 공연, 여행 등 제품과 서비스가 만들어지는 과정을 소비자 입장에서 깊이 있고 투명하게 직접 현장에서 체험한 후 솔직한 리뷰를 남겨 다른 소비자가 올바른 선택을 할 수 있도록 하여 소비자와 기업 모두가 윈윈(win-win)할 수 있는 프로슈머 집단을 말하다.

행복한 문화나눔을 실천하는 사색의향기는 컬피슈머(Culppysumer : culture + happy + consumer) 개념을 제안하고 이를 널리 전파하고자 한다.

우리가 살아가는 현재 그리고 다가올 미래에는 분명 행복한 문화 소비자, 다시 말하면 컬피슈머 시대가 올 것을 확신하기 때문이다.

그 바탕에는 사색의향기 창립 이래 행복한 문화나눔을 위해 걸어온 지금까지의 발자취와 그 시간을 함께해 온 회원 여러분들의 행복한 에너지, 그리고 인문학이 있다.

일례로 농촌지역 지부의 농산물을 공동구매한 적이 있다. 평년작이던 당시 농산물 가격은 18,000원 정도로 시장가보다 30% 저렴한 가격이어서 구매하신 분들로부터 많은 호응을 얻었다. 그러나 그 이듬해에는 과잉공급으로 시중가가 15,000원 수준으로 내려갔는데 사색의향기가 평년작 가격인 18,000원에 많은 사람이 구매하도록 가운데서 역할을 하여 지역의 어려움을 해결한 경험이 있다.

그뿐만 아니라 우리나라의 유명한 커피 프랜차이즈와 공동 행사를 하면서 커피를 일반 커피 2배 가격으로 판매하여 그 수익을 사회공헌 문화행사의 비용으로 활용할 수 있었고, 최근에는 바자 경매를 통해 만들어진 수익금 모두를 장학금으로 돌린 경험이 있는데 이러한 사례들은 사색의향기가 회원들과 함께 '컬피슈머'의 새 장을 열었다는 것을 시사하는 것이라 생각한다.

사색의향기는 우리 사회를 행복하게 하는 의미 있는 문화소비의 주체자 '컬피슈머'의 씨앗을 뿌리고 아울러 널리 전파하고자 한다.

Chapter 7

사람과 생명의 어울림,
마을공화국 향기촌

THE INSTITUTE OF LITERATURE & CULTURE

사색의향기

농촌 르네상스 운동

　　최근 들어 귀농 귀촌 인구가 꾸준히 증가하고 있지만, 농촌은 여전히 정체 상태를 벗어나지 못하고 있다. 정체 상태가 오래 지속되면서 농촌 사회가 붕괴할 조짐까지 보이는 것이 오늘의 현실이다. 과거에 농촌은 산업의 한 축을 담당하며 국가의 성장을 뒷바라지해 왔지만, 산업사회의 먹이사슬 속에 농촌의 가치는 급감했다. 그 과정에서 도시는 자연과 인간의 기능을 거칠게 다루었고 농촌의 희생을 강요하는 가운데 성장해왔다고 해도 무리는 아니다. 오늘날도 여전히 도시는 농촌에 대해 도시를 위한 다양한 처방을 요구하고 있다.

　　농촌 르네상스는 이러한 상황에서 도시로 인해 빈사 상태에 있는 자연과 인간 기능을 다시 복원해보자는 뜻에서 시작된 것으로 중세 유럽의 르네상스 의미와 일맥상통한다고 할 수 있다. 농촌사회 붕괴 현상을 막고 농촌 르네상스가 되기 위해서는 농촌이 새로운 가치를 창조하는 공간으로 새로이 태어나야 한다. 단순한 농산물 생산 공간으로서가 아니라 농업의 새로운 대안을 찾고 실천하는 가운데 안전한 먹거리를 직접 조달하거나 생물 종의 다양성 확보, 토양보전, 농업 경관 유지, 정서함양, 여가 지원 등의 다양한 부가가치를 창출해야 한다. 한편으로는 도시와는 차별화된 또 다른 문화 공간으로 디자인하는 것도 농촌 르네상스를 가능하게 해주는 솔루션이 될 수 있다.

이렇듯 농촌 르네상스는 지속가능한 농촌사회 유지라는 큰 틀에서의 운동인 동시에 도시의 문제점을 해결하는 대안으로서의 의미를 갖는 운동이기도 하다. 특히 출산율의 저하로 인한 인구 절벽에 대한 위기감, 베이비부머 은퇴와 100세 시대를 맞은 현재 우리나라가 직면하고 있는 위기의 상황을 돌파할 수 있는 유용한 해결 방안이 될 것이다.

이에 따라 향기촌은 도시의 발전과는 차별화된 농촌 지역의 발전을 위해 적극적으로 노력할 것이며, 또한 이러한 노력이 궁극적으로는 공유가치를 창출할 수 있도록 사색의향기 도시 기반과 향기촌의 지역 기반을 잘 융합하고 교류시킴으로써 새로운 패러다임의 농촌 르네상스 운동을 실행해 나갈 것이다.

향기촌 사업 추진 경과와 이후 계획

사색의향기는 2004년 설립 당시 그 사업 목적의 하나로 '행복하고 테마가 있는 귀촌마을 설립 및 운영 사업'을 설정하고 지속적으로 사업 준비를 해 왔다. 이를 위해 2004년에서 2011년까지는 지역 기반인 지부설립, 시니어를 위한 인문학 교육 등을 통하여 웰에이징과 웰다잉 개념을 공유하여 왔으며, 한편으로는 공동체 교육(100세 시대 대안 포럼)을 통하여 귀촌에 대해 학습하며 간접적인 경험을 축적하였다. 2012년부터는 사업 기획 및 사색의향기 대의원들과의 공유를 통해 본격적으로 사업추진을 시작하여 오늘에 이르게 된 것이다.

100세 시대 대안 포럼을 통해 향기촌을 공식적으로 알리기 시작하였다. 이후 향기촌 부지를 확보하기 위해 충청지역 부지를 적극적으로 탐방하였다.

그 결과로 2016년 충남 홍성군에 소재한 부지를 1차 대상으로 선정하고 부지 매입을 위한 협상을 시작하여 2017년 부동산 자문사의 중개로 향기촌 부지 매입 절차를 본격적으로 진행하여 수차례의 협상 끝에 매입하였다. 이는 대한민국 최초로 사색의향기 대의원들과 함께 귀촌마을 부지를 공동구매하여 매입한 사례가 되었다.

향기촌 촌장 취임식 및 주민총회(2018)

다시 말하면 사색의향기를 믿고 향기촌 공동구매에 참여한 주민들이 있기에 가능한 일이었다. 한번도 한국에서는 시도한 적이 없는 토지의 공동구매[1]라는 쾌거를 이루어 낸 기적을 만들었다.

이후에도 2020년 8월에 이르기까지 80여 회의 향기촌 운영위원회 개최를 통하여 향기촌 공동체성 확보를 위하여 지속적으로 노력하는 한편, 다른 단체와의 협력체계를 구축하고

---

1) 공동체가 우선인 계약을 하고 참여하는 공동구매이며 팔 때는 향기촌에 되팔아야 한다는 조건의 계약. 특히 토지 등기를 하지 않고 공동으로 소유한다는 것은 신뢰를 바탕으로 하지 않고는 불가능한 일이다.

농산촌유학연구소를 설립하는 등 향기촌과 더불어 성장하고 발전할 협력 기반을 마련하였다.

2020년 말부터 향기촌 건설의 시발점이 될 주택이 본격적으로 건설될 것이다. 향기촌 건축은 점진적으로 단계적으로 진행되며 향후 10년 동안 개별 혹은 마을 만들기 사업 등 다양한 방법으로 추진되는데 부지를 제외한 건축물은 향기촌 주민들의 다양한 의견과 요구사항이 최대한 반영될 것이다.

이후 향기촌은 합의되지 않는 일은 하지 않으며, 방향만 맞으면 속도는 중요하지 않다는 것을 원칙으로 추진하고 있다. 또한 그 과정에서 모든 주민이 합의하는 과정을 충분히 가질 것이다. 이유는 간단하다. 공동체가 우선이고 앞으로도 공동체를 우선해야 한다는 값진 학습을 하고 있기 때문이다.

향기촌은 그 누구도 가보지 않은 길을 가는 것이므로 그 과정에서의 상처는 훈장이다. 하지만 무엇보다 중요한 것은 어떤 효율보다, 어떤 가치보다, 어떤 결과보다 우리 주민을 행복하게 할 수 있다는 것이 가장 중요한 가치임을 깨닫는 것이다.

향기촌 엿보기

     향기촌 사업은 100년 이상 지속가능한 집단 귀촌마을을 건설하는 것이다. 보다 자세히 설명하면 향기촌 사업은 도시의 고비용 생활을 청산하고 자연과 함께 마을 구성원들이 제2의 가족으로 재탄생함으로써 취미활동은 물론이요, 개개인의 역량과 경륜을 바탕으로 한 생산과 소비활동을 가능케 하여 궁극적으로는 경제적 자립을 도모하고 건강하고 행복한 삶을 영위할 수 있게 하는 마을 공동체를 만드는 것이다.

     우리가 알고 있는 일반적인 개념의 귀촌은 도시에서의 방황을 접고 힐링의 삶을 가능하게 하는 행복한 삶이 가능한 곳인 것은 분명하지만 그렇다고 해서 행복한 삶을 보장해 주지는 않는다. 그래서 많은 시니어들이 귀촌을 생각하면서도 쉽게 도시를 떠나지 못한다.

     이러한 고민을 일거에 해소하고 행복한 시니어의 삶을 창출할 수 있도록 설계 및 계획한 것이 '향기촌'이다. 또한 '향기촌'은 공동체의 삶을 통해 개별적 귀촌의 경우 필연적으로 발생하는 부담과 문제점을 해소하고 행복한 시니어의 삶을 가능하게 하는 곳이며, 각자가 자신이 좋아하는 일을 할 수 있고, 비슷한 향기를 내는 사람끼리 모여 공동의 취미 생활을 즐길 수 있게 한다.

향기촌 컬피하우스 조감도

　　뿐만 아니라 구체적인 프로그램 운영, 관리주체의 효율적 역할 수행 및 잘 훈련된 인재를 양성하여 지속가능한 마을 공동체를 이루어 즐거운 제2의 삶을 영위할 수 있게 함으로써 궁극적으로는 사회 공익적 모델로 양성화되어 농촌 르네상스의 모티브 역할을 하게 될 것이다.

　　'향기촌'은 지속가능한 마을 공동체로 성장 발전하기

위하여 젊은이들의 일자리를 창출하고 세대 간 벽을 허물고 교류를 활성화하는 노력을 지속적으로 경주할 것이다. 이를 위한 적합한 교육체계 수립 및 운영, 문화 나눔을 통한 삶의 질 향상을 도모함으로써 젊은 계층이 안정적으로 정착할 수 있도록 적극적으로 지원할 것이다. 이러한 활동을 통하여 향기촌의 가치는 더욱 증진될 것이며 이는 마을의 자치의 중요한 기준으로 자리 잡을 것이다.

시니어의 2nd Life Solution 찾기

        2012년부터 본격적으로 시작된 베이비부머 세대들의
은퇴는 머지않아 베이비부머 은퇴자 1,000만 시대에 도달할 것
으로 예측되고 있으나 이에 대한 효율적인 대책은 거의 없는
실정이다. 이들은 도시가 가져다준 고비용 생활구조, 군중 속의
고독, 현역에서 은퇴한 상실감 등으로 점점 마음의 병을 얻어
가고 있으며, 또한 많이 벌어서 많이 쓰는 현역 시절의 소비 패
턴을 버리지 못하고 있다. 이에 따라 적게 벌고 적게 쓰는 새로
운 형태의 소비 패턴, 벌이가 많지 않아도 행복하게 살아갈 수 있
는 도시 피난처 마을로의 전환 및 적절한 수익활동으로 일거리와
경제적 자립체계를 가능케 하는 변화가 절실히 필요하게 되었다.

        이러한 시니어의 현실적인 상황을 충분히 고려하여 향
기촌은 기획 단계에서부터 시장경제 공간인 도시를 벗어나 대
안적 신뢰 관계의 마을 공동체를 구축하고 발전시켜 나가자는
취지에서 사회적 경제 및 공유 경제 개념을 도입하고자 하였다.

사회적 경제는 2000년대 후반 미국 발 경제위기와 세계적인 금융자본주의의 한계가 지적되면서 '글로벌 대안 경제 체제'에 대한 모색 과정 중에 급속히 부각되었다.

　　또한 '공유경제' 개념은 에어비앤비(airbnb)에서 확인할 수 있듯이 소유가 아닌 나눠 쓰는 아이디어와 아울러 스토리까지 공유함으로써 가치를 창출하는 새로운 형태의 경제를 의미한다. 공유경제가 관심을 끈 가장 큰 이유는 자신이 쓰지 않는 물건이나 자산 등을 다른 사람과 공유하는 이른바 협력적 소비라는 새로운 형태의 소비 방식을 만들어 냈기 때문이었다.

　　공유경제를 포함한 사회적 경제 활성화는 지역사회에도 상당한 긍정적 영향을 미친다. 즉, 지역혁신을 기대할 수 있으며, 지역사회의 민간 주도성을 회복하고 민간 부문의 역량과 기반을 강화시키며, 지역경제의 공공성을 확보할 수 있게 하며 아울러 지역사회의 지속가능성을 제고 한다. 지역사회에 활용 가능한 이러한 경제 체계의 주요 영역으로는 사회적 기업, 마을 기업, 협동조합, 농어촌공동체회사, 자활기업으로 구분할 수 있는데 특히 귀농·귀촌이 이루어지는 농촌공동체에서 자신들의 기술, 경험 등을 활용하여 사회적 경제의 활성화에 크게 기여할 수 있다. 이렇듯 마을 공동체 기반에서 운영되는 사회적 경제는 시장에서 수요자와 공급자가 이윤을 위해 만나는 것이 아니라 사회적 관계에서 만난 주민들 간의 신뢰를 기반으로 실현되지 않은 필요와 욕구를 충족시키고 이를 공유하게 하는 것이다.

향기촌의 여름

상기한 바와 같이 사회적 경제, 공유경제 등의 이론적
배경 및 사색의향기 회원들을 바탕으로 한 인적 네트워크를 배
경으로 우리 시니어들의 문제를 해결하는 도농 르네상스 운동
을 기획하게 되었으며 이를 모범적이며 실효적인 도농상생 사
업으로 연계하여 추진할 것이다.

집단 귀촌 성공 모델 만들기

　　사색의향기 국내 지부는 기초 자치단체별로 골고루 분포되어 도시의 니즈와 농촌의 니즈가 만나서 새로운 형태의 커뮤니티와 문화를 만들어 내면서 도시와 농촌의 융복합 문화 모델로 재탄생하고 있다.

　　한국의 경우, 1960년대부터 급속히 진행된 경제개발로 인해 산업 간 격차가 크게 벌어져 농촌과 농업은 후 순위로 밀려났고, 이는 도시에 의해 농촌이 희생(trickle up)당하는 도농단절 현상으로 이어졌다. 그러나 도시발전의 역사가 우리에게 가르쳐 준 교훈은 "배후의 농촌이 공동화되거나 파탄나면 도시도 함께 붕괴한다."는 것이다.

　　지금 농촌의 구성원은 거의 대부분이 노인 계층이다. 10년 정도 지나 이들이 세상을 떠나거나 더 이상 노동력을 제공할 수 없게 되면 농촌의 공동화 현상이 가속화될 것은 명약관화하다. 이와 같은 상황이 앞으로도 지속된다면 도시와 농촌은 상호 보완적 관계를 상실할 뿐만 아니라 서로 간에 상생 관계를 만들 수 있는 기회 또한 상실할 수도 있다.

향기촌의 여름

　　그러므로 농촌의 공동화를 막는 동시에 활력 있는 농촌을 만들기 위한 가장 좋은 방법 중의 하나는 집단 귀촌을 통한 도농 상생마을을 만드는 것이다. 따라서 이러한 상황을 종합적으로 분석하고 이에 따른 장단기 계획을 수립하고 실행하는 것이 그 무엇보다 중요할 것이다.

　　도농 상생마을은 도농단절을 도농교류로 바꾸고 컨트리 노마드[2](Country Nomad)와 귀농 귀촌을 활성화시켜 지역 경제를 되살리는 선순환 사이클을 만들어낸다. 이 선순환 사이클이 지역 경제를 돌리는 원동력을 제공하는 가운데 지속가능한 새로운 일자리까지 계속적으로 창출하게 되는 것이다. 향기

---

2) '노마드'는 유목민이라는 뜻으로 쓰이는 철학 및 사회문화 용어. '노블레스 노마드(noblesse nomad)'란 명품과 골동품 등 겉치레 문화를 거부하고 여행, 레저, 공연 관람 등 무형의 경험을 수집하는 사람들을 말함. '컨트리 노마드'란 도시와 농촌을 넘나들며 사는 사람을 뜻함.

촌은 도농 상생마을의 대표적인 성공 모델로 자리매김할 것이
다.

생본(生本), 인본(人本)
그리고 접화군생(接化群生)

　　향기촌은 새로운 사회적 관계망을 맺는 가운데 후반기 인생을 행복하게 살고자 하는 이들이 만들고 가꿔 나가는 마을 공동체[3]이다.

　　공동체는 사람들이 모여 하나의 유기체적 조직을 이루고 목표나 삶을 공유하면서 공존할 때의 조직을 일컬으며, 단순한 결속보다는 더 질적으로 강하고 깊은 관계를 형성하면서 상호 의무감, 정서적 유대, 공동의 이해관계와 공유된 이해력을 바탕으로 한 사회적 관계망을 그 핵심내용으로 하고 있다고 설명할 수 있다. 이러한 공동체의 일반적인 속성은 인간이 그 속에서 공동의 목적을 가지고 공유된 실천 관행에 참여하며, 상호 간에 관계를 맺고, 도덕적 판단 기준이 공유 또는 구축되는

---

3) 공동체라 함은 혈연이나 지연 또는 이해관계나 목적을 바탕으로 이루어진 기본적 사회집단을 밀하는 것으로 공동사회라고도 하며, 씨족이나 친족집난과 같은 혈연 씨족공동체, 마을이나 이웃 집단과 같은 지연 촌락공동체, 예배결사나 동지적 결합 또는 친구 집단과 같은 정신적 결사공동체 등을 포함하는 개념이다.

장(場)으로서 공통의 시간과 공간을 점유하고 영유하는 삶을 통해 인간이 그 구성원으로서 일정한 위치를 확보하고 역할을 부여받으면서 사회적 생명력을 유지하는 것이다.

마을 공동체 향기촌은 그 지리적 위치가 한국이고, 이 곳에서 삶을 향유해 나가는 이들 역시 한국인이다. 따라서 향기촌의 근저에는 한국인의 고유한 철학과 정신이 도도히 흐르고 있다. 향기촌은 생명을 존중하는 '생본(生本)'과 사람을 존중하는 '인본(人本)'을 바탕으로 향기촌 주민을 포함한 모든 생명체들이 더불어 조화롭게 살아가는 '접화군생(接化群生)'의 도(道)를 실천하는 삶을 지향할 것이다.

먼저 '생본(生本)'에 대해서 이야기하고자 한다.

동·서양을 막론하고 생명사상은 일찍부터 형성되었다. 특히 동양의 경우 유·불·도 삼교사상(三敎思想)에서 알 수 있듯이 불교·도가[4]의 '범 생물체적(汎生物體的)' 또는 '범 생명주의적' 생명사상이나 유가의 '인본주의적 생명사상'은 예외 없이 생명사상이 그 바탕에 깔려있다. 이러한 유·불·도 사상이 뿌리를 내리면서 생명사상은 더욱 넓게 퍼졌으며 보다 체계화되었다.

---

4) 중국 북송 때 도학의 선구자 주돈이(周敦頤)는 '창 앞에 난 풀은 천지의 생생의 기운을 받은 것으로서 사람의 의사와 같음이 있다'하여 깎지 않았다고 하는 생명사상을 이야기함.

통일 신라 말기의 위대한 천재이자 대학자인 최치원 선생은 우리 고유사상의 실체를 인정하였고, 그것을 생명 존중 사상과 연결시켜 깊이 연구하였다.[5] 선생은 우리 민족이 생명을 존중하고 평화를 사랑하였으며, 천성이 어질어서 교화시키고 변화시키기가 쉽다고 하였다. 선생은 우리 고유사상의 근원적이고 핵심적인 화두를 '생(生)'과 '화(化)'의 문제라고 정의하고 이를 '동방관(東方觀)'과 '동인의식(東人意識)'으로 정리하였는데 선생의 이러한 시도는 민족주체성을 표출하는 동시에 우리나라 고대 생명사상과 연계한 것이었다.

선생은 동방은 생명의 방위로서 만물이 뿌리를 박고 자라나는 방위이며, 동인은 만물을 살리기를 좋아하는 천성을 지니고 있어, 도리를 가지고 교화하는 것이 쉽다고 하였다.

'동(東)'은 우리말로 '새'인데 '처음' '시작' '새로움' '밝음' 등의 의미를 지니면서 또 '새파랗다'라고 할 때의 경우처럼 '지극(至極)'을 의미하기도 한다. 우리의 고유사상을 '밝사상'이라 하여 밝음과 연관시키는 것도 '빛은 동방으로부터(Oriente Lux)'라는 말을 인용할 필요조차 없이 동방과 직결된다.

'동방(東方)'은 자연현상이 시작되고 만물이 비로소 피어나는 '생명의 방위'로 활발발(活潑潑)하게 살아 움직이는

---

5) 『고대 생명 사상 원류와 생성-최치원을 다시 읽는다, 최영성(崔英成)』

방위이기에 '동방(動方)'이라고도 하였다. 또한 동인의 어진 인성은 '천하의 어두움을 깨뜨리고 땅 위에 열매를 맺게 하는' 물성(物性)과 같이 '천지생물지심(天地生物之心)'과 '호생지덕(好生之德)'으로 충만해 있다."고 하면서, '생화생화(生化生化)'라고 하였고 이것은 우주만물의 생(生)·장(長)·성(成)·수(遂) 과정이 모두 화(化)인 것과 같다고 하였다. 즉, 선생이 강조한 '생화생화'는 생생지리(生生之理)를 말하는 것으로 「주역」「계사상(繫辭上)」 제5장에서 말하는 하늘이 도로써 삼는 것을 의미하는 '생생지위역(生生之謂易)'이라 한 것과 그 맥락이 상통한다고 볼 수 있다.

향기촌은 '생본(生本)'을 바탕으로 향기촌이 위치한 자연과 그 속에서 살아 숨 쉬는 다양한 생명체들과 더불어 행복할 수 있는 길을 추구할 것이다.

다음은 '인본(人本)'에 관하여 말하고자 한다.

사람 중심의 '인본주의'6)는 흔히 서양 철학사에서 얘기하는 휴머니즘(Humanism)이라는 용어로 지칭해온 일련의 지적·실천적 흐름으로 얘기된다. 휴머니즘은 14세기 말 이탈리아에서 시작되어 유럽 근대문명의 동인이 된 르네상스 운동

---

6) "인간은 만물의 척도"(프로타고라스)라는 명제를 추종하는 인간중심적 실용주의(Pragmatism)나, 궁극적 진리나 초월적 실재로 나아갈 수 있는 인간능력을 확신하는 인격주의(Personalism, Spiritualism), 인간의 주체성을 강조하는 실존주의(Existentialism), 자본주의하에서의 인간소외에 반대하는 공산주의(Communism) 등의 사조 또한 포함됨.

의 기본 사상을 지칭하는 의미에서 제한적으로 사용되기도 하지만, 인간의 가치와 존엄성을 중시하고 이를 모든 것의 척도로 간주하는 사조 일반을 지칭하는 말로도 통용되고 있다.

향기촌의 풍경(2020)

인본주의는 인간이 억압되거나 주변화·수단화되는 데 반대하여 인간의 우선성과 중심성을 주장하는 사상이라는 데 핵심이 있지만, 인간을 구속하는 요인이 상황마다 다르므로 극복하고자 하는 대상이나 관심사도 달리 설정되기 마련이어서 인간의 본성에 대한 이해나 인간과 신·자연·사회 등 주변 존재들과의 관계설정이 상황에 따라 다를 수 있다.

향기촌은 앞서 설명했듯이 한국 땅에서 한국인들이 삶을 영위하는 마을 공동체이다. 따라서 향기촌이 '인본(人本)'에 관한 뿌리를 우리 민족적 건국이념인 '홍익인간(널리 인간을 이롭게 한다)'에서 찾고자 하는 것은 지극히 당연한 접근 방식일 것이다.

'홍익인간' 사상의 핵심적 지향은 두말할 것도 없이 '인본주의'로 요약될 수 있다. 인간을 다른 어떤 가치나 존재보다 우선적이고 존엄한 존재로 생각하는 관점이자, 인간에 대한 사랑과 봉사를 촉구하는 이타적 윤리관의 관점을 가지고 있다. 이는 서양 철학사의 휴머니즘, 시민혁명기의 천부인권론이나 인권선언과도 동일한 개념이라고 할 수 있다.

홍익인간의 인본주의는 '위민성(爲民性)과 민본성(民本性)'을 강조하는데 국가와 권력에 대하여 그것이 인간을 위한 것인지를 묻고 또한 통치자에게 '인간'을 위하여 봉사하는지를 질문한다. 국가나 권력의 존재 이유가 인간을 위한 것이어야 하고, 그래야만 존재 이유가 확보된다고 선언한 것이다. 홍익인간은 국가나 권력의 존재 이유가 백성의 행복에 기여 하는 데 있음을 강조한다.

향기촌은 주민 모두의 권한과 행복을 보장하는 주민자치를 지향한다. '인본'이 지향하고자 하는 행복은 먹고 살고 병 고치는 등의 민생문제와 마을 공동체의 질서와 평화를 유지하는 데서 그치지 않고, 공동체의 도덕적 통합으로 이어져 주민 모두가 더불어 살아가는 가운데 진정한 행복을 나누는 삶을 의미하는 것이다.

향기촌은 '생본(生本)'과 '인본(人本)'을 바탕으로 한 '접화군생(接化群生)'을 궁극적으로 지향한다. 고조선은 크게 홍익인간(弘益人間 : 인류 전체가 서로 도우면서 행복하게 사는 것을 지향함), 재세이화(在世理化 : 인간 사회 차원에서 이치에 맞게 살 수 있도록 함), 성통광명(性通光明 : 인간 개인 차원의 깨달음을 통한 구원을 지향함), 이도여치(以道與治 : 도를 통하여 세상을 다스릴 수 있도록 사상적인 측면에서의 체계화가 필요하다는 것을 의미함) 등 네 가지 이념을 통해 나라를 다스리려 했다.

최치원 선생이 말하는 '접화군생'은 '홍익인간(弘益人間)'의 개념을 보다 확장한 한국 고유의 '어짊'의 표현이요, 풍류도의 범 생물적인 생생(生生)의 자혜(慈惠)를 의미한다. 동물은 물론 초목 군생에 이르기까지 덕화(德化)를 베풀어 함께 살아가는 가운데 같이 기뻐하고 같이 즐거워하는 동락동열(同樂同悅)의 삶을 살아가는 것을 뜻하는 것이다.

향기촌에서의 삶은 생명을 존중하는 '생본(生本)'을 바탕으로 그 주변의 자연을 포함한 모든 생명들과 어울려 조화롭게 사는 것이다.

또한 향기촌 주민을 존중하고 사랑하는 '인본(人本)'을 토대로 지역사회의 이웃 나아가서는 모든 사람들과 소통하고 화합하는 가운데 살만한 세상, 즐겁고 행복한 인간 세상을 가꾸어 나가는 것을 목표로 한다.

결과적으로 향기촌은 생명을 존중하는 '생본(生本)'과 사람을 존중하는 '인본(人本)'을 바탕으로 향기촌 주민을 포함한 모든 생명체가 더불어 조화롭게 살아가는 '접화군생(接化群生)'의 도(道)를 지향하는 마을 공동체라고 정의할 수 있을 것이다.

향기촌의 뿌리이자 바탕은 우리 민족이 태동할 때부터 지금까지 면면부절하게 이어 온 '홍익인간', '제세이화'에 더하여 모든 생명체들이 더불어 조화롭게 살아가는 '접화군생'의 이념을 그 근저로 한다. 바로 이것이 100년 이상 지속가능한 마을 공동체로 성장 발전하여 대한민국을 대표하는 명품마을로 자리매김할 향기촌의 버팀목인 향기촌의 철학이자 정신이다.

지속 가능한 녹색 일자리 창출

　　현시점은 디지털 혁명으로 불리는 제3차 산업혁명을 뒤로하고 로봇 공학, 인공지능, 나노기술, 양자 컴퓨팅, 생명 공학, IoT, 3D 인쇄 등 다양한 분야에서 새로운 기술 혁신이 나타나고 있는 제4차 산업혁명의 시대이다. 제4차 산업혁명은 연결, 탈중앙화/분권, 공유/개방을 통한 맞춤시대의 지능화 세계를 지향하면서 수십억 명의 사람들을 계속해서 웹에 연결하고 비즈니스 및 조직의 효율성을 획기적으로 향상시키며 더 나은 자산 관리를 통해 자연환경을 재생산할 수 있는 커다란 잠재력을 가지고 있다.

　　제4차 산업혁명의 시대에는 기존의 일자리에 많은 변화가 일어날 것이다. 향기촌은 제4차 산업혁명의 트렌드에 발맞춰 인공지능 컴퓨터와 로봇과는 굳이 경쟁할 필요가 없는 분야에서 지속 가능한 녹색 일자리를 창출하고자 한다. 녹색 일자리에는 공정 무역가, 도시 농업인, 그린 디자이너, 신재생 에너지 연구원, 생태 건축가, 재활용품 경영자 등을 예로 들 수 있다.

향기촌 표고버섯 종균작업(2020)

　　이들 일자리는 생애주기별로 볼 때, 인생 삼모작에 걸맞은 지속 가능하고 즐거운 것에 초점을 맞춘다. 농부를 예로 들면, 20대에서 40대까지 인생 일모작 시기에는 노동력을 집중적으로 필요로 하는 농사에 매진한다. 인생 이모작 시기인 50대에는 기본 농사 외에 텃밭과 약초 농사같이 장년의 나이에 보다 어울리는 일을 하고 다른 한편으로는 마을 이장이나 젊은이들에게 농사기술을 가르쳐주는 코치 역할, 품앗이 좌장 등 멀티 플레이어로 일을 한다. 장년의 일을 달리 표현하면 소득 활동과 더불어 사회공헌 활동을 하는 것이니 양수겸장이요 투 트랙으로 일을 하는 것이다. 그러다가 인생 삼모작 시기인 60대가 되면 기본 농사 외에 동물 돌보기와 손자 손녀 돌보기 등 비교적 힘이 적게 드는 일을 하면서 다른 한편으로는 마을의 어른으로서 마을 내에 분쟁이 일어났을 때 분쟁조정 역할, 고사 시 제관 등 마을 행사를 주관하는 역할을 하는 것이다. 그러다가 더 나이가 들면 차분하게 생애를 정리하는 웰다잉(well-dying)을 하는 가운데 자연의 품으로 돌아가는 것이다. 이처럼 향기촌은 주민들이 상기한 농부의 예처럼 생애주기별 인생 삼모작에 걸맞은 지속 가능한 즐거운 일자리 및 일거리를 창출하여 행복하게 살 수 있는 방안을 잘 준비하여 멋진 2nd Life를 향유할 수 있도록

표고버섯 수확(2020)

기획하고 실천해 나갈 것이다. 아울러 향기촌은 사색의향기라는 전국적 네트워크를 최대한 활용하여 일자리 및 일거리를 지속적으로 만들어 나가면서 건강한 삶과 행복한 삶을 최대한 보장할 수 있도록 모든 매뉴얼과 규정을 운영해 나갈 것이다.

향기촌은 제4차 산업이 만들어가는 세계적인 트렌드에 발을 맞추는 한편 지역화의 거점인 마을을 협력과 융합이 중심이 되는 새로운 개념의 마을 공동체로 재탄생될 것이다. 즉, 현세기를 끌어가는 원동력인 세계화(globalization)와 지방화(localization)가 함께 맞물려서 빚어내는 글로컬(glocal) 개

념을 실천하는 가운데 좋은 녹색 일자리 모델을 지속적으로 만들어 갈 것이다.

향기촌 텃밭 개간(2019)

향기촌 사업 원칙

평생을 혹은 사회적으로 인정받았던 삶을 살았던 분들도 그 지적 자산 혹은 경험 자산을 너무 쉽게 잊거나 하찮게 여기는 경우가 많다. 후반기 인생에서도 그와 같은 역량과 경륜을 바탕으로 생산 및 소비 활동에 참여할 수 있는 기반을 만들 것이다. 이는 결코 현역과의 경쟁을 의미하는 것이 아니다.

향기촌은 차별적인 비경쟁구도로 사회 및 국가에 필요한 역할을 강화할 것이다. 그 대안으로 주니어를 위한 사업을 준비하고 있다. 여생이 아닌 후반기 삶을 영위할 향기촌의 사업 원칙을 다음과 같이 정한다.

🍃 소유보다는 관계를 중시하는 연결고리 삶 추구

내 것보다 우리 것을 중시해야 한다. 집과 물건들이 짐이 되어서는 안 된다. 그래서 퇴임 후에는 창고를 비워야 한다. 10년 전에 선물 받고 아직까지 포장을 풀지 않은 물건들은 그대로 짐이다. 이제 과감하게 필요한 사람들과 공유해야 한다.

마을에서 필요 이상을 소유하지 않게 할 계획이다. 자동차도 종류별로 마을이 소유하여 필요시에만 제공받는 것을 포함하여 농기구 혹은 공동으로 사용이 가능한 모든 것은 소유하지 않고 공유할 계획이다. 필요 없는 자산은 과감하게 처분한다.

마을 창고, 즉 공동창고는 존재하지만 개인 창고는 아주 빈약하게 만들 것이다. 가구도 꼭 필요한 것만 목공소에서 만들면 된다. 개인 방을 제외한 응접실과 주방도 공유한다. 이웃에 손님이 와서 잘 곳이 필요하면 기꺼이 내 집을 내줄 수 있는 삶은 내가 소유한 것보다 더 많은 것을 공유함으로써 소유하는 연결고리 삶이 될 것이다. 이와 같은 공유가 후반기 삶에서 돈이 없거나 부족해도 충분히 생존할 수 있는 기반을 만드는 것이다. 향기촌이 그 중심에 서서 자발적 가난을 통한 저비용 삶을 만들어 갈 것이다.

🍃 어울려 함께 행복한 문화 창출 및 문화 활동 참여

함께하면 진전이요, 협력하면 성공이라고 했다. 100세 시대에 은퇴한 50대 젊은 사회인을 만나보면 사회초년생으로 아무것도 못 한다는 생각이 들 정도로 여가를 즐길 줄 모른다. 그래서 방콕이 되고 TV와 친해지는 경우가 다반사이다.

사색의향기의 정체성인 행복한 문화 나눔을 적용할 것

이다. 즐겁게 놀고, 그 결과로 전문가가 되고 상품이 만들어지고 수익이 창출된다. 경제적인 수단이 아닌 비경제적 수단인 사회적 거래와 문화

향기촌 김장축제(2019.11.23.)

나눔은 지속 가능한 마을의 동력이 될 것이다. 우리 선조들께서 만드셨던 '두레 - 품앗이 - 계'의 본질은 공동노동조직을 통한 경제 공동체와 놀이공동체를 통한 문화나눔 공동체를 동시에 추구하였다는 것이다.

🍃 소박한 삶을 전제로 한 경제적 자립체계 구축

도시 생활은 한발만 움직여도 돈이 들어간다. 마을에는 돈이 없어도 굶을 수가 없다. 돈이 없어도 삶의 질은 대동소이하다.

간디는 "마을 공동체가 세계를 구한다."라고 말했고 함석헌 선생도 "소통과 호혜의 정이 있는 마을 공동체에서는 아무리 가난해도 절대로 굶어 죽거나 자살하는 사람이 없다."라고 말한 바 있다. 소통과 호혜의 정이 상처를 치유하고 공동체가 의지처가 되어주기 때문이다. 다시 말하면 소박한 삶을 전제하면 함께하는 안전감을 포함하여 공동체 의지처가 되고 이는 경제적 자립이 가능한 구조가 되는 것이다.

향기촌 매실청 생산(2019)

사색의향기가 가지고 있는 도시기반(회원)은 향기촌에게 유용하고 신뢰할 수 있는 소비처(컬피슈머)를 제공할 것이며 이를 기반으로 경제적 자립체계를 구축할 것이다.

안전한 먹을거리 자급자족 및 가족 친화 정책사업 추진

마을 공동체와 마을 구성원의 가족이 함께하는 신뢰경제시스템은 자급자족에 가장 중요한 사업 바탕을 제공한다.

마을 구성원이 함께 점심을 하려고 시작한 식당이 수백 명씩 그 밥을 먹으려고 줄 서는 사업이 되었는데 그 내막을 살펴보면 구성원의 가족이 맛집을 위해 마을기업, 마을 협동조합을 만들었고 이는 마을 구성원들 간의 협력을 기반으로 마을 공동체 사업으로 발전한 것이다. 이를 활용한 비즈니스 모델은 이미 개발된 것도 많고 개발할 것도 많다.

단, 이종 간 다중이해관계자만이 만들 수 있는 사업이다.

지속 가능한 삶의 가치 추구

현대 사회의 지속 가능한 삶의 위기는 순환의 부재에서 비롯되었다고 할 수 있다. 사회적으로는 돈이 물 흐르듯이 돌아야 하는데 어느 한 부분에 막혀 정체되거나, 생산 노동인구가 유지되지 못할 정도로 출산율이 낮아져서 노년층 인구가 많아지는 고령화 문제를 그 예로 들 수 있다. 지나친 자원 낭비와 오염물질 배출로 인해 미래 세대의 지구 환경이 망가지는 것 또한 순환을 염두에 두지 않는 제조, 환경 정책이 그 원인이라 할 수 있다.

이처럼 순환의 부재는 커뮤니티뿐만 아니라 커뮤니티

에 속해 있는 구성원들의 지속 가능한 삶을 위험에 빠뜨리게 한다. 순환의 부재는 개인 소유 사상에 의해 만들어진 각종 사회 제도들이 순환의 흐름을 가로막고 자본과 자원을 상대적으로 많이 소유하게끔 유인한 데서 기인한다. 순환의 부재를 해소할 방법은 구성원들 간의 소통을 바탕으로 사회적 경제와 공유경제를 적용하는 것이다.

향기촌은 소통과 호혜의 정이 상처를 치유하고 공동체가 의지처가 되는 구조를 가진 마을 공동체로 만들어질 것이다. 또한 향기촌은 상호 유기적인 협력체제를 구축하고 차별화된 방법으로 고령사회의 미래를 개척해 나가는 가운데 지속 가능한 삶의 가치를 추구해 나갈 것이다.

🍃 토지 공개념

최근 토지 공개념과 관련된 논란이 사회적 이슈로 부각되고 있다. 정부에서 발의한 헌법 개정안이 국회로 넘어갔는데 개헌안에 토지 공개념을 명시해서 이와 관련 각계의 찬반 논란이 뜨거웠다. 개헌안은 "특별한 제한과 의무를 부과한다."라고 토지 공개념을 명시하면서 국가 재량권을 폭넓게 인정하는 것으로 작성되었다. 이는 개인이 소유한 토지 이용권, 수익권, 그리고 처분권을 공익 차원에서 국가가 통제 관리할 수 있다는 것을 의미하는 것이다.

'토지 공개념'은 토지의 공공성[7]과 합리적 사용을 위해 필요한 경우에 한해 정부가 특별한 제한을 가하거나 의무를 부과하는 것을 뜻한다. 땅에 관한 한 공공복리 증진을 위해서는 개인 재산권을 제약할 수 있다는 개념이다. 즉, 토지 소유권은 개인에 두되 토지에서 발생하는 이익은 공공이 가져갈 수 있다는 논리를 담고 있다.

토지 공개념을 찬성하는 사람들은 토지 정의와 주거 복지가 구현돼야 한다고 주장한다. 토지는 인간이 창출한 것이 아니고 부존량이 유한한 자원이므로 모든 인간 활동과 주거 생활의 기반이 되는 토지 이용을 사익을 추구하는 개인 소유에만 맡길 수 없다는 것이다. 또한 무분별한 부동산 투기와 지대 추구행위는 생산적인 경제활동을 억누르고 부의 불평등을 심화시킨다고 강조하고 있다.

돈이 돈을 쉽게 버는 현실은 사회적 갈등을 심화시키고 개인이 일하고 혁신할 의욕을 꺾기 때문에 공정한 시장경제의 발전을 위해 토지 재산권에 대한 정부의 개입이 필요하다고 강조하고 있다.

토지 공개념에 대한 반론도 만만찮다. 반대론자들은 자유시장 경제와 사유재산권 보장을 기본으로 하는 대한민국의 정체성에 맞지 않는 사회주의적 발상이라고 맞서고 있어 피폐해질 수밖에 없다는 논리를 펴고 있다.

---

7) '공공성'이란 '국가나 사회구성원이 공동체적 이익을 위하여 공평하게 함께하는 성질'로 정의할 수 있다.

토지는 재산권으로서의 성격과 한정된 재화로서 공공성 때문에 사적 이익과 사회적 이익이 항상 갈등 관계에 있을 수밖에 없다. 경우에 따라서는 지나치게 사적 이익을 앞세운 나머지 토지의 공공성, 사회성을 저버리는 경우도 있고, 반대로 공적 목적만을 내세워 소유권의 본질적 내용을 침해하는 경우도 있을 수 있기 때문에 이 양자의 이익의 조화로운 조정이 반드시 필요한 것이다.

　　향기촌의 경우는 토지에 대해서 다음과 같은 방식으로 접근하였다.

　　향기촌이 자리 잡은 홍성군 갈산면 대사리 토지를 공동으로 구매하였고, 구매한 토지는 주민 모두의 공동의 이익을 위해 공동으로 개발하여 활용하게 된다.

향기촌 가을풍경

정부 및 지자체가 부동산 시장을 관리하거나 개발비용을 확보하기 위한 공적개발에 토지의 공개념을 활용한 것으로 본다면 향기촌은 부지 공동구매 및 공동 활용을 통하여 대한민국 최초로 민간 차원에서 토지의 공공성 개념을 연계시켜 사업을 추진하는 것이라고 할 수 있다. 현재까지 민간차원에서 토지의 공공성 개념을 도입하여 사업을 추진한 사례는 찾아보기 어렵다.

그 이유는 특정 사업자의 경우 수익을 내기 위해 사업을 하는 것이어서 구조적으로 실행하기가 어려웠으며, 비영리 단체나 기관은 시장원리에 반한 사업을 여건상 추진하기가 어려웠을 것으로 짐작한다. 그러나 향기촌은 마을 재생, 주민참여 중심의 로컬 거버넌스(Local Governance) 구축 등을 추진하는 동시에 도시의 정서를 그대로 담아낼 마을 공동체를 건설하려는 과정에서 토지 공공성 개념을 접목하게 된 것이다.

토지 공공성 개념을 접목한 가장 큰 이유는 바둑판처럼 토지를 자르고 구분하여 개인의 소유를 바탕으로 한 토지 기반으로 주택단지를 개발하여 분양하는 기존의 사업 형태로는 해당 구성원들에게 저렴한 토지와 주택을 공급할 수 있는 길이 없다는 판단하에 가장 효율적인(가장 저렴하게 토지를 구매하여 활용하는) 방법으로 귀촌 마을을 구축해야 한다는 절대적인 사명감이 있었기 때문이다.

향기촌은 공동으로 구매한 토지를 주민 모두의 공동의 이익을 위해 활용해 나가는 가운데 정부 및 지자체 지원 사업을 적극적으로 유치하면서 공동으로 구매한 토지의 가치를 지속적으로 증진시켜 나갈 것이다.

향기촌 전경(2019))

21세기 마을 공동체 전망

인류 탄생 이래 문명은 지속적으로 발전하였고 근대를 지나 현대에 이르면서 그 속도는 점점 가속화되었고 21세기의 발전 속도는 가히 경이적이다. 문명의 발전은 인류가 부딪쳤던 수많은 어려움을 극복하게 하면서 인류의 삶을 보다 윤택하게 하였지만, 한편으로는 그 과정에서 인간의 존엄성이 훼손되고 공동체가 붕괴되는 등 중요한 것들을 상실하게끔 했다. 문명이 발전하면 할수록 인간 존엄성 회복 및 공동체 복구에 대한 요구가 더욱 더 커지고 있다.

인류가 극복해야 했던 첫 번째 과제는 생존이었다. 근대 이전까지 인류는 물질적 생존의 문제를 해결하지 못했다. 근대에 들어오면서 과학기술의 발달과 결합한 높은 생산력, 그리고 봉건제와 같은 신분적 집단적 억압으로부터 자유로워지려는 개인의 해방 욕구가 맞물려 '자유시장의 출현'과 '자본주의와 높은 생산력'이 만들어지고 이 둘은 수많은 모순에도 불구하고 상당 부분 생존의 문제를 해결해 주었다.

인간은 집단과 집단, 계급과 계급, 집단과 개인 간에 벌어지는 억압이나 착취를 비롯한 각종 침범으로부터 자유를 추구한다. 이것이 바로 인간만이 갖는 자유 욕구이다. 문명이 태동한 이래 많은 사회적 혁명이나 전쟁이 일어났는데, 그 결과 '사회적 제약으로부터 개인의 자유'가 확대되었고 이를 통해 개인주의와 이익이 바탕이 되는 사회가 만들어졌으며 자유주의 시장과 결합하게 되었다. 그러나 이 과정에서 전통적 마을로 대표되는 구 공동체가 해체되는 등 부정적인 결과도 초래하였다.

마을은 사회적 존재인 사람들의 삶이 이루어지는 기초적이며 종합적인 터전으로 그 규모나 성격은 시대와 사회에 따라 다를 수밖에 없다. 문명이 발전하면서 전통적 마을이 물리적으로 해체되는 일도 있지만, 과거의 신분제(노예제사회나 봉건제), 가부장제, 친족중심의 제도, 규범, 인습, 관념 등 그 정체성도 해체의 과정을 밟았다.

공동체 개념은 넓은 의미로는 우주적 삶이 공동체인데 비교적 한정된 의미로 자본주의를 넘어서려는 사회시스템과 운영원리를 갖춘 체제를 뜻한다. 발전적 의미로 보면 소유와 아집을 넘어서서 공유하고 공생하는 의지를 갖춘 사람들이나 지역을 의미하는 개념이다. 이러한 공동체도 문명이 발전하면서 근대 이전의 공동체가 해체되고 새로운 형태의 공동체들이 태동되고 있다. 이는 현대 문명의 위기로부터 기인하지만 다른 한편으로는 인간의 궁극적인 자유욕구와 행복추구에서 오는 것이므로 언젠가는 필연적으로 도래할 것이라는 데는 이견의 여지가 없다.

우리가 살고 있는 현재, 21세기의 키워드는 '제4차 산업혁명'으로 대표될 수 있다.

세계경제포럼(World Economy Forum)은 제4차 산업혁명[8]을 일러 '3차 산업혁명을 기반으로 한 디지털과 바이오산업, 물리학 등의 경계를 융합하는 기술혁명'으로 정의한 바 있다.

협의의 관점에서 제4차 산업혁명은 ICT 기술 등에 따른 디지털 혁명(제3차 산업혁명)에 기반한 기술융합을 의미하고, 광의의 관점에서는 플랫폼을 활용한 신규 서비스 시장 전체를 의미하며 제조업뿐만 아니라 서비스업을 포함한 전 사업에서의 혁신을 의미한다. 요약하면 '소비-제조-유통-서비스'에 이르는 전 과정을 '인터넷으로 연결시킨 지능형 시스템'으로 전환하는 소비, 제조, 및 서비스 혁명을 의미하는 것이라고 할 수 있다.

제4차 산업혁명을 인간생활의 변화라는 측면에서 정의하면, 온디맨드(On Demand) 서비스가 가능해지도록 초연

---

8) 제4차 산업혁명이라는 용어는 2016년 제46회 다보스 포럼에서 '제4차 산업혁명 마스터 하기(Mastering the Fourth Industrial Revolution)'라는 주제로 논의가 이루어진 이후 전 세계적으로 가장 주목받는 키워드로 등장하였다.

결성(Hyper connectivity)과 초지능성(Hyper intelligence)을 기반으로 모든 기술들이 활용되는 생활혁명이라고 할 수 있다. 즉, 지금(Now), 여기서(Here), 사람들이 원하는 형태(Only for me)로 제품과 서비스가 즉각 제공될 수 있도록 기술이 개발되고 활용되는 것이 제4차 산업혁명이라고 할 수 있는 것이다.

제4차 산업혁명은 기술 및 산업 간 융합을 통해 산업구조를 변화시키고 새롭고 다양한 스마트 비즈니스 모델을 창출할 것으로 예상되는데 정보통신기술을 기반으로 이전에는 서로 단절되어 있던 분야들 간 융·복합을 통해 경계를 넘어 공진화하면서 다양한 사회·경제 차원의 커다란 혁신적인 변화를 가져올 것이 분명하다.

이렇듯 제4차 산업혁명이 중심이 되어 펼쳐지는 21세기의 커다란 변혁의 물결 속에서 마을 공동체는 어떠한 모습으로 자리 잡을 것인가?

21세기의 마을 공동체는 과거의 낡은 공동체로 돌아갈 수는 없는 것이기 때문에 자유와 행복이 바탕이 되는 '새로운 사회'에 대한 욕구를 충족시켜 주는 방향으로 형성될 것이다. 이 '새로운 사회'의 기저에는 '필요한 정도의 적절한 물질적 생산력'이 전제되는 것이지만, 생산력에 지나치게 집착하면 자연을 파괴할 것이라는 자각과 삶의 질을 향상시킬 수 있는 새로운 형태의 마을 공동체 구축의 욕구가 자리하고 있다. 이는 자연과 물질이 균형과 조화를 이루는 가운데 자유스럽고 싶은 인간의 욕구를 최대한 충족시켜 준다는 지향점을 가진 새로운 문명방식으로의 진화를 의미하는 것이다.

또한 이기적 개인주의를 바탕으로 하는 사회를 넘어서서 따뜻한 인간관계를 만들어 내는 한 단계 업그레이드된 민주주의를 토대로 하는 새로운 마을 공동체가 만들어질 것이다. 즉, 직접민주주의의 확대와 심화, 지역을 기반으로 세계화를 수용하는 글로컬 거버넌스의 발달 등이 전제가 되는 마을 공동체가 탄생할 것이다.

지역마다 나라마다 조건과 환경이 다르므로 새로운 마을 공동체는 다양한 형태로 형성될 것이다. 그러나 마을 공동체를 끌고 가는 원칙들은 같은 지향점을 가지고 있을 것이다. 이를테면 '하고 싶은 일을 하면서도 이웃에 폐를 끼치지 않게끔 하는 것', '즐겁게 일하는 가운데 자신의 능력을 최대로 발휘하는 것', '필요한 만큼 생산하고 필요한 만큼 쓰는 소박한 삶을 사는 것' 등을 그 예로 들 수 있다.

마을 공동체도 하나의 생명체이다. 모든 마을이 인드라망[9]처럼 서로 소통하고 이어져, 높은 곳에서 낮은 곳으로, 많은 곳에서 부족한 곳으로, 서로 나누고 배려하면서 성장하고 발전해 나가면서 21세기 마을 공동체는 그러한 형태로 진화할

---

9) 인드라망은 모든 존재가 하나의 그물로서 끝없이 서로서로 얽혀있는 세계를 비유한 용어이다. 인드라라는 그물은 한없이 넓은데, 그 그물의 모든 매듭에는 구슬이 달려 있고 그 구슬들은 서로 연결되어 있으면서 서로를 비추는데 이는 개체의 삶이 서로 연결되어 있으면서 서로를 비추고 있음을 의미한다.

것이다.

　　이러한 관점 하에 사색의향기는 명품 마을 공동체 향기촌을 만들기 위해 최선을 다하고 있으며, 이를 명확하게 정의한 『향기촌 100년 행복기획서』를 발간하여 대외적으로 천명한 바 있다.

공동체 경험 축적

　　향기촌 마을 공동체가 지속적으로 발전하기 위해서는 시대와 상황에 따라 유연하게 대처하고 진화하는 공동체 운영 경험에 대한 축적이 필요하다. 원래 개인주의 바탕의 도시적 정서를 가진 주민들이 마을 공동체를 이룬다는 것은 한국에서는 처음으로 시도된 것으로 이를 추진할 때 많은 사람이 부정적인 견해를 보였다. 왜냐하면, 개인주의에 익숙해 있는 도시 출신 주민들 간의 갈등 조정 및 해소가 대단히 어렵다는 것이었다.

　　하지만 장기적인 관점에서 보면 갈등은 공동체가 성장하고 발전하기 위해서는 넘어야 할 과정인 동시에 상호 간 협력을 위한 과정으로 이러한 과정을 통한 경험이 충분히 쌓여야 한다. 따라서 운영위원회의 역할은 매우 중요하며 또한 이를 보다 효율적으로 조정하고 관리할 수 있는 역량과 사명감을 갖춘 리더들이 지속적으로 육성되어야 할 것이다.

마을 공동체가 지속적으로 성장하고 발전하기 위해서는 선행 향기촌 마을 공동체의 실험 정신이 존중되어야 하며 아울러 실패한 선행 리더 또한 존중되어야 한다. 따라서 향기촌은 선행 리더에 대한 비난 및 비판을 금지하는 것을 원칙으로 할 것이며, 실패한 경험 또한 향기촌의 발전을 위한 소중한 경험으로 인정되어야 할 것이다.

상기한 향기촌 경험 축적의 원칙이야말로 향기촌의 100년을 보장하는 바탕이며 그 지향점은 공유가치인 '주민의 행복'이 되어야 할 것이다.

향기촌은 상식을 갖춘 주민들의 집합체이어야 하고 그 가운데 존경받는 어른들이 많고 웰에이징과 웰다잉을 잘 실현할 수 있는 명품 마을을 지향하고 있다. 이를 위해 마을의 원로인 촌장과 고문단은 마을 공동체의 운영과 방향을 설정하는데 훌륭한 가이드 역할을 담당하여야 하며 운영위원회는 합리적이고 효율적인 마을 운영을 위해 사명감을 갖고 헌신적으로 수행해야 할 것이다. 이런 과정을 통하여 마을 공동체 운영 경험은 1차적으로 지속 가능한 마을을 만드는 정신과 문화 자산으로 축적될 것이며, 이는 사회적 자산으로 이어져 궁극적으로는 건강하고 행복한 사회를 만드는 공유가치로 승화될 것이다.

향기 나는 귀촌 문화

문화가 이렇게 인구에 회자되는 시대는 일찍이 없었다. '21세기는 문화의 시대'라고 까지 불리고 있다.

어느 경영학자가 "경영의 정의는 경영학자의 수만큼 많다."라고 말한 바 있듯이 문화에 대한 정의 또한 정의하기 쉽지 않다.

문화에 대한 개념은 모호하고 다양한 의미로 사용되는데 전통 문화, 지역 문화, 통기타 문화, 독서 문화, 장례 문화, 아줌마 문화, 음주 문화, 사교 문화, 놀이 문화, 고스톱 문화 등 문화가 아닌 것이 거의 없다.

문화와 관련한 업적을 남긴 대가 및 석학들의 문화에 대한 생각을 엿보면 다음과 같다.

앙드레 말로는 "문화라는 것은 왜 자신이 거기에 있을까 하는 물음에 답하는 것이다. (인생의 근원적, 본질적 물음에 답하는 것이다)", 고갱은 "우리는 어디서 왔는가? 우리는 어떤 사람인가, 우리는 어디로 가고 있는가", 오귀스탱 지라는 "문화는 거부이며 투쟁이며 싸움이다. 안일에 대한 거부이며 쾌락에 대한 투쟁이며 더 의미 있고 가치 있게 살려는 자기와의 싸움이다." 엘 시스테마의 창립자 호세 안토니오 아브레우 박사는 "Play & Fight. 연주하고 싸우는 것 이것이 엘 시스테마의 모토이다. 예술을 통해 지금보다 더 나은 사람이 되기 위해 자기 자신과 싸우자는 것이다."라고 말하고 있다.

광의의 문화 개념은 문화를 문화인류학적 사회학적 관점 또는 문화를 생활양식으로 이해하는 시각에서 문화를 정의하고 있는데 ' 문화는 사회구성원으로 인간이 획득한 지식, 신념, 예술, 도덕, 법, 관습 그리고 다른 능력 및 습관 (에드워드. B.테일러), 즉 인간의 생활양식의 총체'라고 정의하고 있다. 또한, 1982년 멕시코시티에서 개최된 유네스코 세계 문화정책회의에서는 문화를 '사회와 사회집단을 특징짓는 뚜렷한 정신적, 물질적, 지적, 정서적 특성의 총체'로 규정한 바 있다.

1990년대 후반 우리 사회는 지식기반 사회, 정보화 사회로 진입하면서 사회의 가치 패러다임이 산업생산에서 문화산업, 창의 산업사회로 급격히 변화하면서 창조성, 문화적 감수성이 가치 창출, 이익 창출의 중요한 원천인 동시에 미래 사회의 성장 동력으로 문화 콘텐츠의 중요성이 크게 부각되었다.

즉, 1990년대 전반 문화는 주로 정신적 가치, 사용가치로만 그 중요성이 인식되었지만, 지식기반 사회로 들어서면서 사용가치뿐만 아니라 교환가치(경제가치)가 크게 중요성을 갖게 되어 문화는 산업이자 예술은 경제라는 사회적 인식이 확산되기 시작했다.

또한 문화가 개인적인 삶을 풍요롭게 할 뿐만 아니라 한 국가, 지역의 격과 품위를 높이고 매력을 증대시키는 원동력으로 인식되기 시작한 것이다.

현대 사회에 있어서 문화의 의미는 종래 문화가 권력자나 부유한 자의 전유물이나 사치로 여겨진 반면에 오늘날의 문화는 그 사회를 사회답게 하는 가장 본질적이고 근본적이며 중추적 요소로 자리매김하였다.

또한 문화 그 자체가 인간에게 고유한 가치라는 점에서 질적인 우수성을 유지하고 발전시키는 것이 중요하다. 이처럼 문화는 다양한 인간의 본질이자 근원이기 때문에 문화의 주체는 우리 한 사람 한 사람이고, 모든 사람이므로 문화는 인간의 품위를 위한 단순한 장식물이 아니라 기본권으로서의 인간적 권리인 문화권으로 간주되고 있다.

문화의 중요성은 아무리 강조해도 지나치지 않는다

국가적인 측면에서 보면 국가경쟁력의 원천으로 우리의 역사를 이끌어 온 힘이 바로 문화였다. 미국의 경우, 미국을 이끄는 두 개의 축은 경제의 축 동부의 Fire 산업과 문화의 축인 영상 산업이며 뉴욕은 재정의 25%가 문화산업에 의존하고 있다.

　　토니 블레어 전 영국 수상은 문화의 중요성을 언급하면서 "과거의 대영제국이 아니라 창의 산업으로 대영제국이 될 것이다."라고 말한 바 있고 중국, 일본도 문화산업 정책의 중요성을 깊이 인식하고 있다. 문화가 가지는 사회통합의 기능, 커뮤니티의 기능, 국가, 도시 활력의 기능을 매우 중요시 하고 있는 것이다.

　　한국의 경우, 주 5일제, 고령화, 임금수준의 향상으로 인해 문화 욕구가 증대하였고 개인의 창의성이 지역사회에 다양성과 국가의 역동성을 만드는 근간임을 깨닫기 시작했다. 따라서 100세를 살려면 재테크뿐만 아니라 문화테크가 필요하며 나이가 경쟁력이 되려면 개인의 문화 경쟁력이 중요하다는데 이론의 여지가 없다.

　　향기촌은 도시 정서를 갖고 있는 주민들이 만들어내는 향기 나고 독창적인 문화가 마을 공동체의 경쟁력을 높일 것이다. 이를 통하여 구성원들이 살맛 나는 지속 가능한 행복한 마을 공동체로 자리매김할 것이다.

'생태적 삶'을 추구하는 귀촌 문화

　　귀농 귀촌이 경제적 관점, 낭만적 관점에서 이루어진 다면, 문화 귀촌은 문화적 방식, 개인의 삶을 다시 디자인하는 것과 지역재생을 결합하는 것이라고 할 수 있다.

　　지역에서 문화적으로 살기 위해서는 단지 직업을 얻거나 마을 만들기를 하는 차원의 결합이 아닌 윤리적, 미학적 차원에서 변화와 문화적, 경제적 실천의 준비가 필요하다.

　　나의 인생, 삶을 근본적인 차원에서 다시 디자인하는 것과 그 삶의 배경을 변화시키는 노력은 같이 가야 한다. 그 방법은 다양할 수 있다.

　　귀농은 유기농업이나 생태농업의 신념을 가지고 대안적인 공동체에 대한 꿈을 꾸던 이들을 중심으로 90년대 이후부터 지속적으로 있었지만, 본격적인 흐름은 1996년 12월 전국귀농운동본부가 만들어지면서 시민운동 차원에서 시작되었다.

　　1997년 12월 외환위기로 인해 시작된 IMF(국제통화

기금) 구제금융 요청으로 촉발된 금융/재정 긴축과 대규모 구조조정은 해고나 명퇴(명예퇴직)를 당한 50~60대가 U턴이나 J턴을 하는 계기가 되었고, 그 여파로 사회적 차원에서 실체화되었다.

U턴(농촌에서 살다가 서울로 학업과 직장을 위해서 올라왔다가 다시 고향으로 내려가는 경우), J턴(농촌에서 살다가 서울로 학업과 직장을 위해서 올라왔다가 태어난 곳과 다른 지역으로 내려가는 경우), I턴(도시에서 태어나 살다가 농촌으로 내려가는 경우)로 나타났다.

그 후 10년이 지나서 신자유주의의 결과로 일어난 2007년 전 세계 금융위기는 한국에서 저축과 펀드와 부동산을 통해 부를 늘려가던 부동산 신화의 붕괴를 가져왔고, 20~30대 청년들로 하여금 근대/현대의 이념인 도시화와 산업화, 정보화를 통해서 만든 세상이 그리 행복하지 않다는 것을 경험하게 했다.

전국적으로 모든 지역에서 조속한 고령화와 청년 인력의 대도시 유출로 인해 인적 활력이 떨어지고 있다. 서울, 부산 이외의 대부분 지역은 구직을 위해, 학업을 위해 청년들이 도시로 떠나 지역 인구 대부분이 감소 추세에 있다.

이런 상황에서 새로운 전환점이 생기고 있는데 진안-거창-해남-강진 등 귀농이 활발하게 이루어지는 마을과 제주도에서는 감소 추세에 대한 역전 현상이 일어나고 있다.

사색의 향기 문화나눔 세상을 꿈꾸다

대도시에서 텃밭 하나 없는 상자 집, 작은 집에 자신을 맞춰서 살아야 하고, 산과 바다로 가려면 2시간 이상 차를 타고 달려야 하며, 주말에 산이나 한강을 가더라도 너무 많은 사람에 치여 지쳐버리는 현실을 더 이상 유지하고 싶지 않다는, 대도시에 지친 영혼의 즉각적인 거부인 면도 있다.

여러 시기마다 또 여러 측면에서 문명에 대한 회의, 도시의 속도에 대한 회의가 귀농 귀촌을 선택하게 하고 있다.

양극화 체제에서 도시는 상위 20%를 위해 하위 80%가 지탱하는 시스템으로 만들어져 있고, 텃밭 하나 없는 상자 집, 작은 집에서 자신을 맞춰서 살아야 하며, 시스템적으로 설계된 도시에서 개인적 실천으로 일상생활을 바꾸는 것에는 한계가 있음을, 또한 그것이 정말 쉽지 않다는 점을 직시하고 지역으로의 이주 즉 귀촌을 결심하는 것이다.

농민운동이나 생태운동의 한 지류로서, 또한 귀농이 아니라 자연 가까이에서 생태적 삶의 방식을 실천하며 지역을 변화시키고 새로운 삶을 살고 싶어 하는 사람들이 택하는 대안적 장소로 '지역'이 등장한다.

또한 문화적 귀촌은 소비적 대도시 근대의 공간 구조와 관계 방식에 대해 성찰하기 시작한 사람들에게서 시작되었다. 도시에서 산업사회를 위해 청년기를 모두 내놓았던 40~50대들이 노동 소외의 구조와 다른 삶을 모색하려고 한다. 도시에서 구겨진 인생이 아니라 생태적 가치와 지속 가능한 방식을 실험하려는 20~30대도 늘어나고 있다.

이들의 공통점은 지역의 관점에서 보면 모두 젊다는 점이다. 지역 측면에서 본다면 지역재생, 마을 만들기, 친환경 농업, 소농경작, 생산자 협동조합이 '흐름'이 되려면 지역의 문화적 가치를 새롭게 만들고 창조해갈 수 있는 '사람'이 절대적으로 필요하다. 지역의 문화자원을 발굴하고, 의미화하고, 소통 가능한 형태로 만들면서 공동체의 소통과 협력을 강화할 수 있는 문화적, 경제적 실천을 할 수 있는 사람을 절실히 필요로 하는 것이다.

도시 지역을 탈피하여 농촌 지역에서 생태적 탈근대화를 조금씩 만들어갈 때 귀촌 지역은 대도시의 의식주 공급처나 생산기지 혹은 관광상품이 아니라 풍부한 삶의 장소로 전환하게 될 것이다.

향후 10년, 20년 후에는 더욱 많은 이들이 지역을 중심으로 지속 가능한 삶의 원형을 찾을 수 있게 될 것이고 그들 중심으로 현대 사회의 문제를 풀 수 있는 실마리를 제공하는 재생, 회생 문화를 만들어 갈 수 있을 것이다.

향기촌은 과거 한국의 전통마을과 현대의 도시형 정서를 갖춘 귀촌 마을로 명품 문화마을을 만들어 갈 것이다.

Chapter 8

'사색의향기'
Never Endless Culture
Legend

THE INSTITUTE OF LITERATURE & CULTURE

사색의향기

사색의향기 비전과 목표

현재 우리는 문화 시대에 살고 있다고 해도 과언이 아니다. 제4차 산업혁명이 이행되면서 문화적 감성과 정신을 통해 만들어지는 창의성이 더욱 중요해 지고 있다. 또한 IT 발달로 인해 문화 콘텐츠 수요가 지속적으로 증가하고 있으며 문화소통의 고속도로 역할을 하는 인터넷의 질적 양적 발전은 문화 콘텐츠 소비 증가를 획기적으로 끌어 올렸다. 여기에 여가 소비시대와 삶의 질에 대한 높은 열망이 문화의 가치를 높이고 있다. 한편 기업 경영도 예외는 아니어서 경영혁신에의 문화적 요소 가미는 물론이고 제품생산, 마케팅, 시장세분화 등에도 문화적 감성의 반영은 필수 요소로 자리매김하였다.

문화의 가치에 대한 중요성은 아무리 강조해도 지나치지 않는다. 국가적으로는 국가 브랜드 및 이미지를 제고하는 역할을 담당하고 있으며, T.S. Eliot의 "문화는 삶을 살 만한 가치가 있는 것으로 만들어 주는 것"이라는 말을 굳이 빌리지 않더라도 문화는 인간의 행복과 인간다운 삶을 위해 꼭 필요한 요소수단이 되었다. UN 인권선언에서도 인간이 문화생활에 참여할 수 있는 권리를 인간 존엄성의 일부로 인정한 바 있다. [UN 인권선언 (제27조 1항): "모든 사람은 공동사회의 문화생활에 자유롭게 참여할 수 있는 권리를 지닌다.", "(제2항) 모든 사람은 그가 창작한 과학적 문화적 또는 미술적 작품에서 생기는 정신적 물질적 이익을 보호받을 권리를 가진다"]

하나의 사회가 지속 가능하고 건강한 공동체로 성장 발전하기 위해서 문화가 필수적이다. 문화는 사회집단의 유지 존속, 안정성 증진의 바탕이며 사회통합의 고리 역할도 담당하고 있다. 그 구성원들에게는 만족감, 삶의 질 향상, 감동을 통해 심리적 즐거움을 제공한다.

사색의향기는 설립 이래 17년간의 역사가 보여주듯 문화나눔 운동을 통해 건강하고 행복한 사회를 만들기 위해 지속적으로 노력해 오고 있다. 사색의향기 미래도 마찬가지이다. 정체성을 유지하면서 문화 소비자들에게 다가가는 새로운 방식을 끊임없이 탐구하면서 문화로 행복해지는 대한민국을 만들겠다는 사명감을 가지고 최선을 다해 노력하는 가운데 문화 운동의 끝나지 않는 전설을 계속해서 써 나갈 것이다.

사색의향기는 다음과 같이 비전을 수립하고 반드시 목표를 달성할 것이다.

🍃 커뮤니티 가치를 더 높이기 위해 혼신의 노력을 기울일 것이다.

－ 지금까지 추구해 온 '행복한 문화나눔 운동'에 대한 경험과 가치를 존중하고 지속적으로 단계를 발전시켜 나간다.

－ 사색의향기의 정체성을 지켜나가는 가운데 협력사업 및 사업 제휴 등의 적극적인 활동을 통한 경제적 가치를 제고한다.

－ 지부 활성화 및 지역사회 문화증진 역할을 증대하는 활동(공동구매 및 지역 협력사업 등)을 통한 비경제적 가치도 아울러 제고한다.

🍃 건강한 재정 기반 확보(재정 자립 실현)를 위해 지속적으로 노력할 것이다.

－ 컬피 펀드를 확충하고 오프라인 회원을 지속적으로 증대해 나간다.

－ 후원기관과 긴밀하게 커뮤니케이션하면서 상호 협력 관계를 획기적으로 증진한다.

－ '365일간의 행복 운동'을 Series로 펼치는 등 회원의 자발적 참여를 증대해 나간다.

🍃 Globalization 사업을 본격적으로 추진할 것이다.

－ 한국을 대표하는 행복한 문화나눔 운동의 세계화 전

략 방안을 수립한다.

　　- 해외 각국의 도시별로 200개 이상의 해외 지부설립을 공격적으로 추진한다.

　　- 영어/중국어 사용자 네트워크 구축을 위하여 영어/중국어 향기 메일을 발송한다.

　　- 행복 문화나눔운동 세계화를 위한 국제컬피재단을 체계적으로 설립한다.

🍃 사회적 가치를 증진하기 위한 인문학 제 분야를 적극적으로 연구할 것이다.

　　- 컬피 인문학연구소를 조속히 설립한다.

　　- 행복문화 아카데미를 개설하고 효율적으로 운영한다.

　　- CCA(Culture Change Agent) 과정, 문화예술과정, 문예지도사 민간자격 및 다양한 문화교육 프로그램을 수립하고 운영한다.

　　- 컬피 여성 Leadership 과정을 지속적으로 운영한다. (입문, 심화, 전문가 과정)

🍃 사색의향기 발전에 함께하고 기여하셨던 분들을 기리기 위한 선양 활동을 지속적으로 펼쳐 나갈 것이다.

　　- 사색의향기 명예의 전당을 지속적으로 운영한다.

- 컬피 아너 멤버십 클럽을 효율적으로 운영한다. (인증서 및 회원증 제공 등)

🍃 사색의향기 향후 발전을 책임지고 이끌어 나갈 미래전략 기획단을 운영할 것이다.

- 사색의향기의 미래를 책임지고 끌고 나갈 차세대 리더를 지속적으로 육성한다.
- 성과/업적 Review를 통한 사색의향기 SWOT 분석, 중장기 Vision 및 전략을 수립한다.

🍃 사회공헌을 효율적으로 할 수 있는 마케팅전략을 수립하고 이를 실천해 나갈 것이다.

- 사회공헌을 구현할 수 있는 효율적인 마케팅전략을 수립하고 실천해 나간다.
- Marketing mix 전략을 수립하고 실천한다.

4P(Product, Price, Place, Promotion), 4C(Consumer value, Cost to the consumer, Convenience, Communication), 7P(4P + Physical Evidence, People, Process 등

에필로그
컬피 포에버

한국에는 수많은 단체가 활동하고 있다. 그중에는 사회공헌을 묵묵히 실천하는 제대로 된 단체들이 있는 반면에 특정인의 명함용으로 이용되는 유명무실한 단체들이 공존하고 있는 것이 현실이다.

사색의향기는 설립 이래 지난 17년간 지속적인 문화나눔 운동을 펼치면서 민간 차원에서의 문화 활동의 모델을 제시하는 가운데 문화의 지평을 넓혀 왔다. 이 책은 사색의향기의 발자취이자 사회운동 단체 관계자 및 일반인들과 우리나라 민간 문화 운동의 사례를 같이 공유하고자 엮은 것이다.

이 책에 담겨 있는 내용이 비록 작고 보잘것없을 수도 있지만 사회운동을 경험한 기록의 하나로 간주된다면 필자는 충분히 감사하다.

문화운동을 포함한 사회운동을 하는 이들은 누구나 다 '시작은 미미하였으나 그 끝이 창대하길' 꿈꾼다. 필자 또한 17년 전 작은 날갯짓으로 시작한 사색의향기의 문화나눔 운동이

자리를 잡고 사회적 공유가치를 만들어 내는 가운데 지속적으로 발전하길 소망한다.

아울러 문화나눔 세상을 꿈꾸는 사색의향기의 염원이 우리 사회를 더욱 더 건강하고 행복하게 하는데 기여할 수 있기를 기대한다.

지금의 사색의향기로 발전하기까지에는 전적으로 회원들의 관심과 성원 덕분이었다. 한편으로는 공유 가능한 사회적 가치를 만들고 싶은 필자의 무모한 도전과 이런 필자를 기꺼이 도와준 사무국 식구들의 헌신 결과물이기도 하다.

그 누구보다도 이익 지향적인 삶을 살았던 필자가 가치 지향적인 인간으로 다시 태어나도록 동기 부여를 해 주었던 가장 강력한 에너지는 앞서 언급한 사회적 사명감이었다. 그러나 사명감 이전에 행복한 인생을 살겠다는 개인적 욕구가 없었다면 이와 같은 결과를 얻기는 어려웠을 것이다.

오늘도 사색의향기는 함께 비를 맞아가면서 문화나눔 세상을 만들어가고 있다. 대한민국 국민 모두가 문화나눔 세상의 일원이 되는 그날을 위하여 '컬피 포에버'

추천사
한결같은 문화나눔 운동

박희영(사색의향기 이사장)

코로나, 장마, 태풍으로 힘든 시간을 보내는 가운데 희망을 전하는 가을이 왔습니다.

사색의향기 이영준 대표가 행복한 문화나눔을 펼쳐온 그간의 발자취를 담은 『사색의향기, 문화나눔 세상을 꿈꾸다』를 발간하였습니다.

사색의향기 이사장으로서 발간을 진심으로 축하드리며 아울러 노고에 깊이 감사드립니다.

이 책은 한 사람의 지난 17년 동안의 발자취이기도 하지만 열악한 환경에도 불구하고 꾸준히 문화 운동을 전개해 온 한 단체의 소중한 기록이기도 합니다.

하나의 사회가 지속 가능한 건강한 공동체로 자리매김하기 위해서는 문화가 필수적입니다.

문화는 사회집단의 유지 존속, 안정성 증진의 바탕이며 사회통합의 고리 역할도 담당하고 있습니다. 그 구성원들에게는 만족감, 삶의 질 향상, 감동을 통해 행복한 삶을 제공합니다. 여기에 문화 나눔 운동을 펼쳐야 할 이유가 있는 것입니다.

사색의향기는 설립 이렇게 한결같은 마음으로 문화나눔 운동을 통해 건강하고 행복한 사회를 만들기 위해 노력해 오고 있습니다. 앞으로도 문화 소비자들에게 다가가는 새로운 방식을 끊임없이 탐구하면서 문화로 행복해지는 대한민국을 만들겠다는 사명감을 가지고 최선을 다할 것입니다.

이 책이 대한민국의 모든 문화 소비자들에게 반드시 한번은 읽혀지길 소망합니다.

아날로그식 감성의 행복한 문화나눔

김정택(전 SBS 예술단장)

코로나 사태와 이에 따른 대책인 사회적 거리두기는 타인과의 소통 기회와 공감에 바탕을 둔 대중문화 실천에 커다란 장애물로 자리 잡았습니다. 용어조차 생경한 랜선 콘서트라는 이름의 온라인 공연 소식이 줄을 잇습니다. 나아가 가상현실(VR)을 이용해 적극적인 비대면 콘서트가 필요하다는 정부 차원의 주장까지 있습니다.

대중문화 전문가들은 포스트 코로나 시대의 대중문화는 사이버 공간을 통한 소통이 더 강화되어가고 섬세한 취향의 '커뮤니타스'가 여러 형태로 자리하게 될 것으로 내다보고 있습니다. 반평생을 대중문화(음악)에 몸담아온 저 역시 가히 혁명적인 변화에 직면하고 있습니다.

이러한 시기에 오랫동안 민간차원에서 문화나눔 운동을 적극적으로 펼쳐온 비영리단체 사색의향기 이영준 상임대표가 그간의 경험들을 엮어『사색의향기, 문화나눔 세상을 꿈꾸다』를 펴냈습니다. 책을 읽으면서 비록 디지털 수단을 이용하기 했으나 아날로그식 감성으로 행복한 문화를 나눠왔던 시간들에 무척 공감이 갔습니다.

　문화, 특히 대중문화는 의미의 공감대, 즉 누군가와 소통을 나누는 경험의 순간들이 모여져서 비로소 대중문화로 완성됩니다. 문화를 사랑하고 문화를 나누려는 문화 소비자들이 이 책을 읽는 가운데 밀도 높은 공감대를 형성하고 문화 앞에서 모두가 평등해지는 문화적 커뮤니타스를 경험해 보시길 소망합니다.

포스트 코로나 시대의 문화

도승이(상명대 교수 양종훈, 성균관대 교수)

코로나 팬데믹은 인류의 삶을 흔들어 놓았습니다. 이미 진행되고 있는 제4차 산업혁명과 맞물려 정치, 경제, 사회, 문화 등 모든 분야에서 혁명적인 변화를 요구하고 있습니다.

포스트 코로나 시대의 문화는 어떠한 역할을 담당해야 할까요.

지금까지 문화는 인간사회의 다양성과 분화를 촉진하면서 삶의 조화로움을 촉진해주는 역할을 수행해 왔습니다. 포스트 코로나 시대의 문화는 인간의 삶을 고양시키고, 생활의 질을 향상시키며, 위로와 힐링, 도덕적 가치를 제공하는 기존의 역할 외에도 의학적 방역 못지않은 마음의 방역을 가능하게 하는 삶의 백신 기능을 수행할 수 있을 것입니다.

창립 이래 17년 동안 쉼 없이 문화나눔 운동을 펼쳐온 사색의향기는 민간차원에서 국가의 선진 문화를 구축하는 데 일익을 담당했다고 생각합니다. 처음서부터 지금까지 사색의향기를 이끌어온 이영준 상임대표가 그간의 활동을 정리하여 책으로 펴낸 『사색의향기, 문화나눔세상을 꿈꾸다』를 읽으며, 사색의향기와 사색의향기에 헌신한 분들의 땀과 노력을 엿볼 수 있었습니다. 또한, 이 책을 통하여 문화나눔 운동에 관한 다채로운 이야기들을 접할 수 있어서 무척 흥미로웠습니다.

발간을 진심으로 축하드리며, 코로나 시대 문화 힐링을 통한 마음의 방역을 원하시는 분들에게 서슴없이 일독을 권합니다.

추천사 모음

　　나이가 들면 자신의 얼굴에 책임을 져야 한다고 한다. 나는 그동안 수많은 사람의 얼굴을 그려 왔다. 사색의 향기 이영준 대표를 보는 순간 미리 보았던 원고가 왜 나왔는지 바로 알 수 있었다. 선하디선한 얼굴, 정직하고 성실하며 따뜻한 모습에서 문자 그대로 사색의 향기가 풍기었다. 그가 그동안 펼쳐 온 문화 나눔의 선한 향기. 그 향기에 많은 사람이 깨끗하게 씻기고 위로받으며 또 지혜를 얻어 갈 것이다. 우선 나부터 그렇다.

박재동(만화가)

　　문화 나눔에 아낌없이 헌신해 오신 발자취를 담은 책 발간을 진심으로 축하드리며 사색의향기가 온 누리에 아름다운 향기를 풍기길 염원합니다.

김청(홍보대사, 기네스마술사)

향기와 기품이 있는 사회를 만들기 위한 문화운동이 이 책을 통해 들불처럼 일어나길 소망합니다.

우주호(홍보대사, 성악가)

진정한 문화강국 대한민국의 심장 같은 사색의향기가 책 발간을 계기로 한국을 넘어 전 세계 문화의 향기를 전파하는 Change Agent로 우뚝 서기를 기원합니다.

정지훈(홍보대사, 아나운서)

책에서 풍겨나는 사색의향기가 온 누리에 향긋하게 퍼져나가길 소망합니다.

안주은(팝페라 가수)

진정한 행복이란 무엇인가에 대한 성찰이 필요한 이 시대 우리들에게 깊은 울림을 주는 귀한 글을 통해 다시금 문화의 중요성을 깨닫게 되었습니다. 책을 통해 새로운 세대를 이어가는 새로운 힘을 받으시기 바라며 추천의 말씀을 전합니다.

박경준(홍보대사, 성악가)

173만 회원을 거느린 문화나눔의 대표적 단체가 되기까지의 지난 17년간을 담담히 책으로 쓰신 이영준 대표님께 축하와 존경을 보내며, 대표님께서 경험하셨듯 그 향기와 진동이

읽으실 분들 모두를 더욱 행복하게 일깨우는 문화나눔 운동으로 전파되길 바랍니다.

최경아(홍보대사, 소프라노)

문화나눔이라는 주제를 가지고 선두에서 활동해 오신 존경하는 사색의향기 이영준 상임대표께서 그간 경험하고 느꼈던 생각과 우리나라 문화 활동의 역사와 현재 그리고 미래를 같이 공유하고 생각해 볼 수 있는 책 『사색의향기, 문화나눔 세상을 꿈꾸다』를 펴내셨습니다. 여러 가지로 바쁘신 가운데도 이런 훌륭한 책을 발간하신 것을 축하드리며 많은 독자님들께서 일독하시고 함께하셔서 우리나라 문화나눔 활동이 왕성하게 펼쳐지길 기대해 봅니다. 감사합니다.

전미경(홍보대사, 가수)

언택트 시대의 최고의 사치는 문화를 통한 사색이다. 지쳐가는 우리에게 사색을 통한 내면의 회복과 세상에 그 향기를 전하는 법을 알려주는 귀한 책이 될 것이라고 확신한다.

김미주(홍보대사, 소프라노)

진정한 우리나라 문화나눔 대통령이십니다. 이 책이 많은 문화단체의 교과서가 되리라 생각됩니다.

한숙영(한국유아교육연구원 CEO)

한나라의 부국강성은 문화 창달에 있다는 것이 자명한 사실인데 사색의향기 큰 조직의 실질적 운영자로서 때로는 온 몸을 불사르며 세상을 밝게 하는 촛불같이 때로는 진흙탕에 몸을 담그고 환하게 웃어주는 연꽃 같은 이영준 님이 금 번 발간한 책을 통하여 대한민국의 문화융성에 크게 이바지하길 진심으로 기원합니다.

김익한(예효경 대표)

이 책이 행복한 문화나눔의 가치를 창출하는 세상의 모든 이들에게 단비 같은 선물이 될 것으로 확신합니다.

민희주(컬피통기타여행 사무국장)

문화를 사랑하는 사람들에게 문화나눔 세상을 꿈꾸게 해주는 길잡이.

이헌욱(사색의향기 기획본부장)

행복바이러스가 세계만방에 퍼지는 그날까지 이 책이 기폭제가 되길 간절히 바랍니다.

이유경(사색의향기 지부운영국장)

행복의 진정한 의미, 문화의 현실적 해석, 나눔의 새로운 차원을 소개하는 『사색의향기, 문화나눔 세상을 꿈꾸다』

가 인문학의 지평을 넓히는 챡으로 자리매김하길 기대합니다.

도정석(향기촌 고문)

행복한 문화나눔터를 만들어 소중한 많은 사람들이 행복해지기를 바라는 소망이 가득 담겨 있는 귀한 책이 출간되었습니다. 서슴없이 일독을 권합니다.

박영순(사색의향기 부이사장 박영순)

『사색의향기, 문화나눔 세상을 꿈꾸다』가 문화나눔을 통해 서로를 사랑하는 마음을 실천하고 결과적으로 개인의 행복이 사회 역동성으로 다시 환원될 수 있는 불씨가 되길 희망합니다.

김정민(사색의향기 사랑나누미클럽 사무국장)

'행복 문화나눔'이라는 한 가지 목표로 한 사람 한 사람을 소중히 여기며 다가가고자 한 사색의향기입니다. 네 잎 클로버의 행운보다 우리 주위의 세 잎 클로버의 작은 행복을 찾고 나누고자 묵묵히 17년 동안 걸었습니다. 이 책은 그 길의 이야기입니다. 함께 꿈을 나누면 좋겠습니다.

황진하(사색의향기 이사, 문화사업국장)

문화가 최고의 자산인 시대에 귀한 책 출판을 진심으로 축하드립니다. 이 책을 통해 인문학과 과학, 도시와 농촌, 아날로그와 디지털, 진보와 보수를 아우르는 4차 산업시대의 진정한 문화 리더십이 창출되기를 기대해 봅니다.

박남팔(주식회사 골드론 회장)

6학년 13반이 되도록 많은 모임에 참여해 보았지만, 사색의 향기 만큼 편안하고 유익하고 즐거운 곳은 없었다. 아무 조건 없이 '문화나눔'이라는 선한 뜻으로 사람과 사람을 이어주어 좋은 관계를 만들어 주고 삶의 활력과 즐거움을 주었으며 인간이 추구하는 선한 군집욕(群集慾)을 채워 주었기 때문이다. 사색의향기 설립자인 이영준 대표가 그동안 사색의향기가 걸어 온 궤적과 사색의향기가 추구해 온 이념과 정신을 담아 행복한 공동체를 만들어 온 노정(路程)을 책으로 출간한다고 한다. 이는 곧 사람을 좋아하고 사람들이 행복해지기를 소망하는 그의 인간애와 행복 전도사로서의 열정에 찬 긴 여정을 엿볼 수 있는 계기가 될 것이며, 한 사람의 선각자가 행복한 공동체를 구축하기 위하여 어떤 생각과 의지를 갖고 어떻게 미래 비전을 수립하고 실행해 왔는지를 공유하면서 함께 힘이 나고 행복해 지는 순간이 될 것이다.

김상근(사색의향기 고문)

사회적 거리로 멀어진 관계를 사색의향기가 이어주고, 이영준 상임대표가 모든 이들의 행복 마라톤 완주를 위한 페이스 메이커로 함께 뛰어온 모습을 담은 이 책이 문화나눔의 선봉, 사색의향기가 온 누리에 가득 퍼지는 모습으로 이어지길 기대합니다.

이성운(향기촌 협동조합 이사장)

행복한 문화를 전파하며 묵묵히 걸어가는 사색의향기에서 또 하나의 꽃이 책으로 피어나는군요. 발간을 진심으로 축하드립니다.

김나경(사색의향기 수원장안지부장)

사색의의향기의 시작부터 조직, 활동내용, 비전을 담은 내용을 담은 책을 펴내심에 경의를 표합니다. 이 책은 대한민국 비영리단체들에게 모범적인 교과서 역할이 될 것으로 확신합니다.

이진원(한국자산관리방송 공동대표)

사색의향기를 설립하고 전국에 문화나눔, 행복전도사로 활동하시면서 『향기촌 100년 행복기획서』를 발간하시더니 하루를 세상 그 어느 누구보다도 바쁘게 사시는 분이 또 책을 출간하시는 것을 보면서 저도 깊은 반성과 함께 더욱더 성장해야겠다고 다짐합니다. 사색의향기를 만나 더 행복한 삶을 살아 가게끔 만들어 주신 이영준 대표님께 고마움을 전합니다.

조정문(채움에듀협동조합 대표)

책 발간을 축하드립니다. 문화나눔의 행복을 실천하는 사색의향기가 있어 저희 컬피 통기타밴드도 존재하는 것 같습 니다. 모쪼록 이 책이 행복나눔의 전도서가 되길 희망합니다.

진선필(컬피통기타여행 음악단장)

문화나눔을 통하여 편견과 선입견이 없는 세상을 만 드는 얘기들이 담겨있는 책이 출간되었습니다. '백문이 불여일 견'입니다. 꼭 읽어 보시길 권해 드립니다.

정영조(유신투자증권 상무)

『사색의 향기, 문화나눔 세상을 꿈꾸다』는 심적, 육체 적으로 지친 모든 이들의 마음을 치유하고 위로해주는 책이다.

한승연(마에스타오페라합창단 단장)

요즘 코로나 세상에서 정서적으로 우울한 시간을 보내 는 사람들이 많은데 희망과 영혼을 위로 받는 기회를 주는 책 입니다.

이용한(신영정보기술 회장)

코로나로 위축된 상처 난 우리들의 가슴에 감성의 마그마가 되어 삶의 의미와 그 속에서 자아를 실현하는 행복 메신저가 되어 줄 책이 출간되었습니다. 이 책이 세상의 행복 지킴이가 되길 기원해 봅니다.

박승달(엠앰제약 전무이사)

백세 시대, 삼만 불 시대의 갈증을 해소 해주는 생명수는 바로 이 책, 『사색의향기, 문화나눔 세상을 꿈꾸다』가 아닐까 싶다.

이재우(현대모비스 부장)

잠깐 좋은 일을 할 수는 있다. 그러나 지속적으로 십여 년을 하는 것은 정말 어렵다. 17년 동안 문화나눔을 실천해 온 그 지속성의 힘이 실려 있는 책이 출간되었다. 진심으로 축하드린다.

정혜령(전 사무국장)

손에 쥘 수 있는 자본, 휘두를 수 있는 권력 그런 것들을 잡기 위해 질주하는 시대에 보이지도 잡히지도 않는 문화, 사색, 행복의 가치를 일깨우고 향기로 멀리 퍼뜨리는 이 책은 시대의 필독서이다.

조윤순(농부의 잭집)

사색의향기 문화나눔의 가치가 'K-팝이나 K-방역'처럼 널리 알려져 한국의 고유문화로 자리매김하게 만드는 책입니다.

성낙영(행정업무 대행 서비스업)

오직 한길 사색의향기 행복한 문화나눔을 위해 걸어오신 그 발걸음에 큰 박수를 보내면서 또 하나의 행복한 문화나눔을 엮은 책 출간은 코로나로 많이 힘들고 지쳐있는 마음에 행복한 희망 지침서가 될 것으로 확신합니다. 출간을 축하드립니다.

(우복희)

항상 지식을 눈에 담고 사시는 이영준 상임대표님, 요즘같이 힘든 시기에 정서적으로 안정될 수 있게 해주는 아름다운 책, 『사색의향기, 문화나눔 세상을 꿈꾸다』 발간을 진심으로 축하드립니다.

김연선(행복강사 김연선)

꽃은 자기를 위해 향기를 퍼트리지 않듯이 자신보다는 우리 모두를 위해 도시든 시골이든 온 힘을 다해 사색의향기를 퍼트려 온 그간의 과정이 책으로 출간되었군요. 발간을 축하드려요.

이채영(경기도의사회 윤리위원)

17년간 우여곡절도 많았을 텐데 그 험난한 길을 어떻게 걸어오셨는지 짐작해봅니다. 황소의 뚝심과 인내로 행복 문화 나눔이라는 바이러스를 널리 보급해 온 시간들이 책으로 출간되었군요. 진심으로 찬사를 보냅니다.

이성재(사색의향기 컬피통기타여행 회장)

사색의향기, 이름조차 향기롭게 지으시더니, 시작은 독서모임이었으나 17년세월을 성실하게 끊임없이 향기로운 가치를 창출해 오셨습니다. 사색의 향기의 모든 역사가 오롯이 묻어나는 시간들과 종합문화예술의 모든 것이 담긴 책의 출간을 진심으로 축하드립니다.

이영길(건강디자이너)

지난 17년 동안 행복한 문화나눔 커뮤니티를 열정적으로 운영하면서 이번에 『사색의향기, 문화나눔 세상을 꿈꾸다』를 출판하게 된 이영준 상임대표님께 존경과 축하를 드립니다.

무릇 향기란 꽃에서만 나오는 것이 아니라, 인연(인간관계)에서도 향기가 난다고 합니다. 173만 회원 간의 아름다운 향기를 통하여 감성을 살찌우고 인생을 깨우쳐 왔던 사색의향기는 코로나 사태로 일상을 잃어버리고 영육 모두가 지쳐버린 많은 이들의 마음을 치유하게 될 것이라고 굳게 믿습니다.

21세기는 금융자본주의를 뛰어넘어 문화자본주의가 도래하게 되며, 문화강국이 세계를 선도하는 시대가 될 것으로 예견됩니다. 이번 출간을 통하여 사색의향기 문화나눔의 가치가 'K-POP', '한글'의 우수성처럼 대한민국의 대표적 문화운동의 기폭제가 되리라 확신합니다.

이영하(예비역 공군 중장)

인생에 있어서 진정으로 중요한 가치와 사람다운 사람에 관해 생각해보게 해주는 인생 지침서.

소재학(미래예측학박사 1호 교수)

100세 시대를 살고 있는 우리에게 100년 행복기획서를 향기촌에 심는 모습을 보여 주시더니 이제는 문화나눔을 꿈꾸며 생활하라고 가을이 깊어가는 10월에 기쁜 출간 소식을 전해 주시는군요. 발간을 축하드립니다.

채영제(향기촌 운영위원장)

우리는 아침마다 '오늘'이라는 하루를 선물 받습니다. 누구에게나 공평하게 주어지는 시간이어서 우리는 그 시간에 대해 무심하기 쉽습니다. 주어진 시간을 어찌 사용하는가에 따라서 삶은 풍요로울 수도 있고 그 반대일 수도 있습니다. 문화나눔 운동을 펼쳐온 1분 1초도 헛되이 보내지 않은 17년의 시

간을 담은 책이 출간되었습니다. 읽어 보시길 강력하게 추천
드립니다.

이도겸(통일한국희망포럼 대표)

　문화는 삶이고 삶이 문화입니다. 삶을 꿈꾸고 나누는
저서이기를 기대합니다.

김기배(CTS 대표이사, 언론학 박사)